Wittmann • Siegmann • Hamacher • Kloth

Neu als Fachkraft für Arbeitssicherheit

So starten Sie erfolgreich in Ihre neue Aufgabe!

Wittmann • Siegmann • Hamacher • Kloth

Neu als Fachkraft für Arbeitssicherheit

So starten Sie erfolgreich in Ihre neue Aufgabe!

ecomed
SICHERHEIT

Bibliografische Informationen der Deutschen Nationalbibliothek

Die Deutsche Nationalbibliothek verzeichnet diese Publikation in der Deutschen Nationalbibliografie; detaillierte bibliografische Daten sind im Internet über http://www.dnb.de abrufbar.

Bei der Herstellung des Werkes haben wir uns zukunftsbewusst für umweltverträgliche und wiederverwertbare Materialien entschieden. Der Inhalt ist auf chlorfrei gebleichtes Papier gedruckt.

ISBN 978-3-609-61945-3

E-Mail: kundenservice@ecomed-storck.de

Telefon: +49 89/2183-7922

Telefax: +49 89/2183-7620

1. Auflage

www.ecomed-storck.de

Satz: abavo GmbH, 86807 Buchloe
Druck: Kessler Druck + Medien, 86399 Bobingen

Vorwort

Liebe Leserin, lieber Leser,

die Ausbildung zur Fachkraft für Arbeitssicherheit wurde von Ihnen erfolgreich abgeschlossen. Jetzt soll es losgehen und Sie möchten das Erlernte in die Praxis umzusetzen.

Mit dem vorliegenden Buch wollen wir Ihnen den Einstieg in die tägliche Arbeit als Fachkraft für Arbeitssicherheit erleichtern. Gedacht ist das Buch dabei sowohl für die internen, also angestellten Fachkräfte für Arbeitssicherheit, als auch für die externen, die entweder selbstständig sind oder im Rahmen von überbetrieblichen sicherheitstechnischen Diensten nach § 19 Arbeitssicherheitsgesetz (ASiG) tätig werden.

Den meisten Neueinsteigern stellen sich immer wieder dieselben Fragen:
- „Wie setze ich mein erworbenes Wissen jetzt in die Tat um?“
- „Wie kann ich meinen Aufgaben nach dem ASiG gerecht werden?“
- „Wie führe ich denn eigentlich eine Begehung durch?“
- „Wie beginne ich denn überhaupt, die sicherheitstechnische Betreuung im Betrieb umzusetzen?“

Dieses Buch soll dabei helfen, den Start in die neue Aufgabe und die vielen kleinen Herausforderungen erfolgreich zu meistern und möglicherweise auch verdeckt lauernden Fallstricken richtig zu begegnen. Wir wollen dabei nicht jede kleine fachliche Einzelheit behandeln, da diese in der Regel in der Ausbildung ausreichend dargestellt wurden. Aber bei der Umsetzung wichtiger Fragestellungen soll das Buch eine kleine, aber wertvolle Hilfe sein.

Wahrscheinlich ist in dem zu betreuenden Unternehmen bereits so etwas wie eine Arbeitsschutzorganisation, wenn möglicherweise auch nur rudimentär, vorhanden. Machen Sie sich mit dem Vorhandenen zunächst einmal vertraut. Wir wollen Ihnen mit diesem kleinen Büchlein auch dabei helfen.

Wie Sie in Ihrer Ausbildung sicherlich gelernt haben, ist es äußerst wichtig, ausreichend Kontakte in alle möglichen Richtungen zu haben (zu Deutsch: Networking). Informieren Sie sich über die für Sie wichtigen Netzwerke und vielleicht entscheiden Sie sich, dem einen oder anderen Netzwerk sogar beizutreten und mitzuhelfen, den Arbeitsschutz weiterzuentwickeln.

Wir wollen Ihnen das Lesen erleichtern und haben uns daher entschlossen, in allen Texten nur die männliche Schreibweise zu verwenden, damit sind selbstverständlich auch die weiblichen Funktionsträgerinnen und Mitbürgerinnen gemeint.

Kleine Piktogramme neben dem Text weisen auf wichtige Hinweise hin. Tipps für die Praxis, Rechtstexte oder andere weiterführende Informationsquellen sind ebenfalls gekennzeichnet.

Auch wenn die Regelungen zum Arbeitsschutz sehr vielfältig und sehr dynamisch sind, finden Sie im Literaturverzeichnis eine Auswahl grundlegender Literatur in Buchform und anderen Medien und auch Angaben und Fundstellen aus wichtigen Aufsätzen und Urteilen.

In einigen Kapiteln wiederholen sich die Inhalte teilweise, da sicherlich der eine oder andere Leser gezielt einzelne Textstellen zu Rate zieht und nicht das ganze Buch von vorn bis hinten liest, schon gar nicht, wenn es sich um die Lösung einer ganz konkreten Herausforderung handelt.

Wir wünschen Ihnen bei Ihrer neuen Aufgabe als Fachkraft für Arbeitssicherheit viel Erfolg.

Hameln, Oktober 2015

Michael Kloth
VDSI-Vorstand, Nationale Zusammenarbeit

Inhaltsverzeichnis

1 Ein wichtiges Zahnrad im betrieblichen Arbeitsschutz: die Fachkraft für Arbeitssicherheit

Verantwortlich für den Arbeitsschutz im Betrieb ist der Arbeitgeber. Er muss die erforderlichen Maßnahmen des Arbeitsschutzes wirkungsvoll umsetzen und für eine geeignete Organisation dazu sorgen. Durch die Bestellung von Fachkräften für Arbeitssicherheit (Sifa) sowie Betriebsärzten soll der Arbeitgeber dabei fachlich unterstützt werden. Beide Professionen verfügen dazu über spezifisches Expertenwissen, über das die Unternehmensleitung in der Regel nicht, bzw. nicht im ausreichenden Maß verfügt.

Durch die Bestellung von Sifas sowie Betriebsärzten soll laut § 1 Arbeitssicherheitsgesetz erreicht werden, dass

- geltende Arbeitsschutzvorschriften angepasst an die besonderen Betriebsverhältnisse angewendet werden;
- gesicherte sicherheitstechnische und arbeitsmedizinische Erkenntnisse in den Betrieben verwirklicht werden;
- die Arbeitsschutzmaßnahmen einen möglichst hohen Wirkungsgrad erzielen.

1.1 Rollenverständnis der Fachkräfte für Arbeitssicherheit

Das Arbeitssicherheitsgesetz unterscheidet bei den Fachkräften für Arbeitssicherheit zwischen Sicherheitsingenieuren, Sicherheitstechnikern, Sicherheitsmeistern und sonstigen Personen (mit Ausnahmegenehmigung). Die genauen Bedingungen werden in der DGUV Vorschrift 2 „Betriebsärzte und Fachkräfte für Arbeitssicherheit“ detaillierter dargestellt. Im Einzelfall ist ggf. in Zusammenarbeit mit der staatlichen Aufsichtsbehörde und der Berufsgenossenschaft bzw. der Unfallkasse zu prüfen, welche Qualifikation erforderlich ist. So kann es im Einzelfall durchaus sinnvoll sein, dass Biologen, Chemiker oder Physiker als Sicherheitsfachkräfte tätig werden, um den besonderen Bedingungen des Unternehmens gerecht werden zu können.

Für externe Fachkräfte für Arbeitssicherheit kann es noch von Bedeutung sein, dass ihre Tätigkeit vom Finanzamt und einigen Kammern nicht als „freie Tätigkeit“ anerkannt wird, sofern sie nicht die Berufsbezeichnung „*Ingenieur*“ führen dürfen. Nach Auffassung der Finanzämter und der Finanzgerichte ist in diesem Fall für die Anerkennung als freier Beruf notwendig, nachzuweisen, dass es sich bei ihrer Tätigkeit doch um eine ingenieurmäßige handelt. Das wird bei Nicht-Ingenieuren aber regelmäßig verneint. In diesen Fällen sollte der Kontakt mit dem Finanzamt und einem Steuerberater gesucht werden.

Grundsätzlich betrachtet sind Sie Berater des Unternehmers, eingestellt als interner Berater, oder vertraglich als externe Berater verpflichtet. Der Unternehmer wird sich in aller Regel auf Ihre Aussagen verlassen müssen. Agieren Sie daher von vorneherein auf Augenhöhe mit dem Unternehmer. Ihr bestes Wissen und Können nutzt nichts, wenn Sie es nicht verbal und non-verbal an den Unternehmer bringen können. Das beginnt bei der richtigen Wortwahl und endet bei der richtigen Kleidung.

Sprechen Sie mit allen Akteuren, mit denen Sie zu tun haben, in der ihnen verständlichen Sprache. So erlangen Sie Akzeptanz und Vertrauen.

Als Berater des Unternehmers sind Sie aber nicht nur Kritiker und Mahner. Erkennen Sie bereits Geleistetes im Arbeitsschutz an. Heben Sie gute Aktionen hervor. Loben Sie.

Nach einiger Zeit in der neuen Position haben Sie es in der Regel deutlich leichter, Ihre Vorstellungen umsetzen zu lassen. Wenn Sie aber noch neu in dieser Funktion tätig sind, machen Sie sich auf jeden Fall mit dem vertraut, was bereits existiert. Und sprechen Sie darüber.

2 Stellung der Fachkraft für Arbeitssicherheit

2.1 Stabsstelle - Unmittelbarer Zugang zur Geschäftsleitung als Erfolgsfaktor

Fachkraft für Arbeitssicherheit und Betriebsarzt sind unmittelbar dem Dienststellenleiter oder Behördenleiter zu unterstellen (vgl. hierzu auch ANZINGER/BIENECK: Kommentar zum Arbeitssicherheitsgesetz, Heidelberg, 1998, S. 231). Geregelt ist das im Arbeitssicherheitsgesetz:

§ 8 Abs. 2 ASiG

„Betriebsärzte und Fachkräfte für Arbeitssicherheit oder, wenn für einen Betrieb mehrere Betriebsärzte oder Fachkräfte für Arbeitssicherheit bestellt sind, der leitende Betriebsarzt und die leitende Fachkraft für Arbeitssicherheit unterstehen unmittelbar dem Leiter des Betriebs."

Nach einem Urteil des Landesarbeitsgerichts Köln gehört die Fachkraft für Arbeitssicherheit immer zum Stab. Sie darf weder organisatorisch noch disziplinarisch einem Abteilungsleiter unterstellt werden (AZ: 10 (1) Sa 1231/02). Auch das Bundesarbeitsgerichtsurteil vom 15.12.2009 (AZ: 9 AZR 769/08) hat erneut klargestellt, dass dies auch für die Betriebe und Dienststellen des öffentlichen Dienstes gilt.

Die Sifa-Langzeitstudie wurde von der Deutschen Gesetzlichen Unfallversicherung (DGUV) in Auftrag gegeben. Ziel war es, empirisch gesicherte Erkenntnisse über die Tätigkeit und Wirksamkeit von Fachkräften für Arbeitssicherheit zu gewinnen und über die Bedingungen für ein wirksames Handeln. Die Studie wurde im Zeitraum von 2004 bis 2012 als Längsschnittstudie von vier Forschungseinrichtungen durchgeführt.[1] Befragt wurden die Sifas selbst und die Unternehmens- und Geschäftsleitungen, die Betriebs- und Personalräte sowie die Betriebsärzte. Die Antworten der verschiedenen Befragten wurden miteinander verglichen und die Einflussgrößen verifiziert. Über diese Selbst- und Fremdeinschätzung des komplexen Gefüges von Einflussgrößen aus persönlichen Voraussetzungen, betrieblichen Handlungsbedingungen, strukturellen betrieblichen Faktoren und überbetrieblichen Einflüssen, konnten sehr stabile und fundierte Erkenntnisse über erfolgreiche und weniger erfolgreiche Sifas und die Gründe dafür gewonnen werden.

Die Daten der Sifa-Langzeitstudie (Trimpop et al. 2012, S. 320ff) zeigen, dass diese gesetzlich vorgesehene Anbindung der Sifa längst noch nicht überall gängige Praxis in den Unternehmen ist. Dies gilt oft auch für größere Betriebe mit mehr als 500 Beschäftigten und vielfach auch für den Dienstleistungssektor.

Es zeigte sich in der Sifa-Langzeitstudie aber auch, dass alleine die Anbindung an den Leiter des Betriebs wenig aussagekräftig für die tatsächliche Wirksamkeit einer Fachkraft für Arbeitssicherheit ist. Die formal richtige Anbindung allein ist also kein Garant für ein erfolgreiches Tätig werden, bleibt dennoch aber eine wichtige Voraussetzung.

Etwas anderes ist in der täglichen Praxis aber viel wichtiger:

---

[1] Lehrstuhl für Arbeits-, Betriebs- & Organisationspsychologie der Friedrich-Schiller-Universität Jena (Wissenschaftliche Projektleitung); systemkonzept – Gesellschaft für Systemforschung und Konzeptentwicklung mbH, Köln; Institut für Technische Logistik und Arbeitssysteme der TU Dresden – Professur für Arbeitswissenschaft; Institut für Berufspädagogik der TU Dresden – Professur für Bildungstechnologie (bis 2005 Universität Potsdam, Juniorprofessur für Multimediales Lernen)

Auf den unmittelbaren Zugang zur Unternehmens- bzw. Betriebsleitung kommt es an!

Unmittelbar heißt, dass die Fachkraft für Arbeitssicherheit direkte Gespräche mit der Unternehmensleitung führen kann, sie zu Sitzungen der Unternehmensleitungen eingeladen wird, und direkt der Unternehmensleitung Bericht erstattet. Je regelmäßiger dies erfolgt und je mehr Möglichkeiten für einen unmittelbaren, auch informellen Kontakt genutzt werden, desto stärkere Effekte sind auf die Tätigkeit und Wirksamkeit nachweisbar.

Weniger Einfluss auf den Erfolg als Sifa haben die schriftlichen Berichterstattungen oder wenn sich die Treffen mit der Geschäftsleitung auf den Arbeitsschutzausschuss (ASA) beschränken. Diese allein reichen nicht aus!

Verbessern Sie Ihre Startvoraussetzungen:

- Stellen Sie sich sobald wie möglich der Unternehmensleitung als neue Sifa vor. Gehen Sie nicht davon aus, dass dort von vornherein bekannt ist, was eine Sifa ist und tut und wie sie arbeitet.
- Vermitteln Sie der Unternehmensleitung Ihre Rolle als Unterstützer in allen Fragen des Arbeitsschutzes. Versuchen Sie ggf. vorhandenen anderen Vorstellungen über die Rolle der Sifa entgegenzuwirken.
- Stellen Sie vor, was Sie konkret als Ihre Aufgaben ansehen und was Sie in der nächsten Zeit tun wollen und vor allem, welcher Nutzen für das Unternehmen entstehen kann.
- Fragen Sie die Unternehmensleitung, welchen Unterstützungsbedarf sie sieht.
- Werden Sie anschlussfähig an die Denkweisen der Leitung. Nur wer denjenigen versteht, den er beraten will, wird ein guter Berater!
- Vertreten Sie dabei argumentativ Ihr Arbeitsschutzanliegen. Die Unternehmensleitung verstehen heißt nicht in der Sache und bei den Zielen des Arbeitsschutzes Abstriche zu machen!
- Nutzen Sie die Gespräche auch, um deutlich zu machen, warum eine direkte Anbindung an die Unternehmensleitung sinnvoll ist: Die direkte Anbindung
  - macht gegenüber den Führungskräften deutlich, dass Sie für die Unternehmensleitung arbeiten,

  - verdeutlicht den Stellenwert des Arbeitsschutzes im Unternehmen sichtbar
  - fördert die Kontaktmöglichkeiten mit der Unternehmensleitung
  - …

  Dadurch wird die formale Anbindung der Sifa direkt an die Unternehmensleitung ein Erfolgsmerkmal; der direkte und regelmäßige Zugang zur Unternehmensleitung befördert die gelebte Sicherheits- und Gesundheitskultur im Betrieb.
- Nutzen Sie daher nach dem Erstgespräch alle Möglichkeiten des direkten Kontakts und auch die der informellen Kontakte zur Unternehmens-/Betriebsleitung.
- Verabreden Sie regelmäßige Treffen mit der Unternehmensleitung.

Unabhängig von dem direkten Zugang zur Unternehmensleitung und den Gesprächen mit ihr, weisen die vorliegenden Erkenntnisse zur Wirksamkeit von Fachkräften für Arbeitssicherheit auch generell auf den positiven Einfluss einer regelmäßigen und häufigen Kommunikation über Fragen von Sicherheit und Gesundheit bei der Arbeit hin (Hamacher, Eickholt, Riebe 2015). Je häufiger und regelmäßiger über Belange des Arbeitsschutzes auf allen Ebenen des Betriebs gesprochen wird, desto erfolgreicher ist die Arbeit der Sifa!

Nutzen Sie deshalb Ihre Stabsstelle, um sich auch den Führungskräften bekannt zu machen. Suchen Sie auch hier die regelmäßige Diskussion, sprechen Sie über Ihre Aufgaben und Anliegen. Nehmen Sie, wenn möglich, an den Führungskräftebesprechungen teil. Nehmen Sie darüber Einfluss darauf, wie im Unternehmen mit den Fragen des Arbeitsschutzes umgegangen wird. Machen Sie Sicherheit und Gesundheit zum integralen Bestandteil des betrieblichen Alltags. Eine hochangesiedelte Stabsstelle, die so ausgefüllt wird, verbessert auch formal Ihre Möglichkeiten, dass im Unternehmen ein wirksamer Arbeitsschutz betrieben wird.

2.2 Organisationsformen

Die interdisziplinäre Forschungsgemeinschaft „Sifa-Langzeitstudie“ unter der Leitung von Prof. Dr. Trimpop von der Universität Jena erforschte im Auftrag der Deutschen Gesetzlichen Unfallversicherung e. V. (DGUV) im Rahmen einer Acht-Jahres-Längsschnittstudie in Form einer repräsentativen Online-Befragung eingehend das Berufsbild der Fachkraft für Arbeitssicherheit. An der europaweit einmaligen Studie hatten sich ca. 6000 Fachkräfte, die ein modernes Arbeitsschutzkonzept in der „neuen" Sifa-Ausbildung erfahren haben, aktiv beteiligt. Einige der Ergebnisse dieser Studie nutzen wir im Folgenden, um die Chancen und Risiken der Sifa-Tätigkeit zu beleuchten. Die Ergebnisse dieser Studie können Sie unter www.sifa-langzeitstudie.de/ im Netz finden.

Fachkräfte für Arbeitssicherheit und Betriebsärzte können in drei unterschiedlichen Organisationsformen Betriebe betreuen:

- Als Angestellte des Betriebs
- Als Beschäftigte eines überbetrieblichen Dienstes
- Als Freiberufler

In den regelbetreuten Betrieben (Betreuung gemäß den Anlagen 1 und 2 der DGUV Vorschrift 2) ist das Verhältnis derzeit so, dass es in etwa einem Drittel der Betriebe fest angestellte Sifas gibt, zwei Drittel nutzen die Möglichkeiten der externen Betreuung. Grundsätzlich gilt hier: Je größer ein Unternehmen, umso eher wird auf innerbetriebliche Fachkräfte zurückgegriffen.

Bei den angestellten Sifas ist zwischen Vollzeitfachkräften und innerbetrieblichen Teilzeitfachkräften zu unterscheiden. Bei den innerbetrieblichen Teilzeitfachkräften ist wiederum zu unterscheiden, welche anderen Tätigkeiten sie neben der Sifa-Tätigkeit noch ausüben. Hier lassen sich wiederum vier Funktionstypen unterscheiden.

Damit sind empirisch insgesamt sieben verschiedene Betreuungsformen identifizierbar (siehe Sifa-Langzeitstudie, Trimpop et al. 2012). Diese Betreuungsformen sind repräsentativ für die große Mehrheit aller Fachkräfte in Deutschland, die ihre Ausbildung nach 2001 absolviert haben, wahrscheinlich sogar für alle Sifas. Eine genaue Beschreibung der typischen Betreuungsformen finden Sie in folgender Tabelle:

Beschreibung der Funktionstypen der Fachkräfte für Arbeitssicherheit

Typische Betreuungsformen	Beschreibung
1) Innerbetriebliche Vollzeit-Fachkraft (Typ 2a)	Angestellt in einem Vollzeit- oder Teilzeit-Arbeitsverhältnis; übernimmt **ausschließlich** Aufgaben als Fachkraft im Unternehmen
2a) Innerbetriebliche Teilzeit-Fachkraft; Leitung (Typ 2b)	Leitungsfunktion in der Linie; **zusätzlich** Tätigkeit als Sifa in Teilzeit
2b) Innerbetriebliche Teilzeit-Fachkraft; Beauftragte (Typ 2c)	Tätigkeit als Sifa in Teilzeit; Übernahme einer oder mehrerer Beauftragtenfunktionen
2c) Innerbetriebliche Teilzeit-Fachkraft; Leitung und Beauftragtenfunktion (Typ 2d)	Leitungsfunktion in der Linie; zusätzlich Tätigkeit als Fachkraft in Teilzeit und Übernahme einer oder mehrerer Beauftragtenfunktionen
2d) Innerbetriebliche Teilzeit-Fachkraft (*obA*) (Typ 2e)	Tätigkeit als Fachkraft in Teilzeit; hauptberuflich als Mitarbeiter in der Linie *ohne Übernahme besonderer Aufgaben*
3) Externe freiberufliche Fachkraft (Typ 1a)	Freiberuflich tätig; in der Regel Betreuung mehrerer Betriebe
4) Externe Fachkraft aus überbetrieblichen Diensten (*üD*) (Typ 1b)	Fachkraft aus *überbetrieblichem Dienst*; in der Regel Betreuung mehrerer Betriebe

2.2.1 Innerbetriebliche Teilzeit-Sifa: Kombination der Sifa-Tätigkeit mit Leitungsfunktionen (Funktionstyp 2a)

In dieser Betreuungsform haben die Fachkräfte **zusätzlich** eine Leitungsfunktion im Unternehmen inne. Dies schließt auch Funktionen als Bauleiter und im Facility-Management mit ein. Nach den Daten der Sifa-Langzeitstudie hat die deutliche Mehrzahl der Fachkräfte dieser Betreuungsform eine zusätzliche Leitungsfunktion (84,3 %), knapp 12 % haben zwei und unter 3,9 % drei Leitungsfunktionen zusätzlich zu ihrer Tätigkeit als Fachkraft für Arbeitssicherheit.

Es ist davon auszugehen, dass eine Leitungsposition Einfluss auf die Tätigkeit als Fachkraft für Arbeitssicherheit hat. Dem liegt die Annahme zu Grunde, dass einerseits eine Führungsposition in der Regel mit einer starken Stellung im Unternehmen einhergeht. Diese Sifas tragen Entscheidungsverantwortung und sind gegenüber ihren Mitarbeitern weisungsbefugt. Darüber hinaus bestehen häufig direkte formelle und informelle Kontakte zur Geschäftsführung. Dies kann und wird sich auch auf die Sifa-Tätigkeit auswirken, da diese Fachkräfte im Unternehmen auch durch ihre Leitungsfunktion bekannt sind und wahrgenommen werden.

Andererseits können in einer derartigen Konstellation auch Rollenkonflikte auftreten: Was man in der Funktion als Sifa tun will, steht nicht selten im Konflikt zu den Handlungsmustern als Führungskraft. Dies zeigt sich auch empirisch in den Ergebnissen der der Sifa-Langzeitstudie:

Sifas, die auch Leitungsfunktionen inne haben, üben demnach folgende Aufgaben im Vergleich zu anderen Organisationstypen **seltener** aus:

- Analyse der verschiedenen Gefährdungsfaktoren, Gefährdungsbeurteilungen
- Organisation des betrieblichen Arbeitsschutzes
- Verhaltensbezogene Schutzmaßnahmen (Unterweisungen, Betriebsanweisungen, Notfallorganisation etc.)
- Unfallanalysen und andere Ereignisse

Vergleichsweise **intensiv** kümmern sie sich hingegen um technisch-organisatorische Schutzmaßnahmen und um die menschengerechte Arbeitsgestaltung. In diesen Feldern wirken sie, so die Ergebnisse der Studie, auch vergleichsweise erfolgreicher.

- Achten Sie bei der Ausübung Ihrer Sifa-Tätigkeit darauf, dass in allen von Ihnen als Führungskraft verantworteten Bereichen, in denen ein Handlungsbedarf im Arbeits- und Gesundheitsschutz besteht, dieser von Ihnen auch angemessen umgesetzt wird (Vorbildfunktion).
- Wirken Sie darauf hin, dass im ganzen Betrieb eine geeignete Organisation des Arbeitsschutzes errichtet wird.
- Stellen Sie sicher, dass die Gefährdungsbeurteilung für alle Tätigkeitsbereiche und alle Gefährdungsfaktoren durchgeführt und dokumentiert wird.
- Sind Sie sich der Rollenkonflikte zwischen Leitungsfunktion und Beraterfunktion als Sifa bewusst und reflektieren Sie ihr Handeln daraufhin.

- Nutzen Sie Ihre Leitungsfunktion für die Durch- und Umsetzung der erforderlichen Maßnahmen des Arbeitsschutzes

2.2.2 Innerbetriebliche Teilzeit-Sifa: Kombination der Sifa-Tätigkeit mit anderen Beauftragtenfunktionen (Funktionstyp 2b)

Diese Betreuungsform innerbetrieblicher Teilzeit-Fachkräfte ist dadurch gekennzeichnet, dass die als Fachkräfte tätigen Personen neben ihrer Funktion als Fachkraft für Arbeitssicherheit weitere Beauftragtenfunktionen haben, ohne dabei eine zusätzliche Leitungsfunktion zu übernehmen.

Zu einem großen Teil werden in den Betrieben von Sifas zusätzlich zur Kernaufgabe gesetzlich vorgeschriebene Beauftragtenfunktionen wahrgenommen wie z. B. Strahlenschutzbeauftragter, Betriebsbeauftragter für Abfall, Gefahrgutbeauftragter.

Zum Teil werden diese Beauftragten von den Unternehmen ohne gesetzliche Verpflichtung auch freiwillig bestellt, weil das Besetzen einer derartigen Position aus der praktischen Erfahrungen heraus sinnvoll ist (z. B. ein Gefahrstoffbeauftragter). In Abhängigkeit von den jeweiligen gesetzlichen Grundlagen haben Beauftragte unterschiedliche Aufgaben, Pflichten und Kompetenzen. In der Anwendung ihrer Fachkunde sind Beauftragte dabei unabhängig und tragen dementsprechend Verantwortung für die fachliche Richtigkeit ihrer Beratung. Eine Liste der Beauftragten mit Rechtsgrundlagen und Aufgaben findet sich in Kapitel 10.1.

In der Praxis häufig auftretende zusätzlich wahrgenommenen Beauftragtenfunktionen der Sifa sind (siehe Sifa-Langzeitstudie, Trimpop et al. 2012) Tätigkeiten als

- Umweltschutzbeauftragter,
- Brandschutzbeauftragter,
- Qualitätsmanagementbeauftragter, oder
- Betriebsbeauftragter für Abfall

Oft sind auch mehrere Beauftragtenfunktionen mit der Sifafunktion kombiniert. So gaben in der Sifa-Langzeitstudie 42,9 % der Fachkräfte an, eine weitere Beauftragtenfunktion auszuüben, 27,5 % zwei, 13,6 % drei, und immerhin 7,7 % bekleideten vier und 6,6 % sogar fünf Beauftragtenfunktionen.

Diese Teilzeit-Fachkräfte unterscheiden sich in ihrem betrieblichen Wirken deutlich von denen, die neben der Sifafunktion auch eine Leitungsfunktion innehaben. Häufig sind sie aufgrund mehrerer ihrer Beauftragungen als Stabsfunktion angesiedelt und pflegen dementsprechend direkte Kontakte zur Geschäftsführung. Meist bestehen auch vielfältige weitere Schnittstellen zu anderen Funktionsstellen und Bereichen in der Unternehmensorganisation.

Im Hinblick auf das Tätigwerden und Handeln als Sifa ist bei Angehörigen dieses Funktionstyps ein ähnlich hoher Professionalisierungsgrad in allen Tätigkeitsbereichen wie bei den Vollzeitkräften zu beobachten. Lediglich im Aufgabenfeld der menschengerechten Arbeitsgestaltung lagen in der Langzeitstudie die Aktivitäten etwas niedriger als bei den innerbetrieblichen Vollzeitkräften.

Empfehlung

Als Sifa, die zusätzlich verschiedene Beauftragtenfunktionen wahrnimmt, sollten Sie die Kernaufgabe des Arbeitsschutzes nicht vernachlässigen und verstärkt Zeit in die Beratung des Arbeitgebers zur menschengerechten Arbeitsgestaltung investieren. Beachten Sie hierzu auch unsere Übersicht zu den Beauftragten im Kapitel 10.1.

2.2.3 Innerbetriebliche Teilzeit-Sifa: Kombination der Sifa-Tätigkeit mit anderen Beauftragtenfunktionen und Leitungsfunktion (Funktionstyp 2c)

Fachkräfte dieser innerbetrieblichen Betreuungsform haben im Unternehmen gleichzeitig sowohl Beauftragtenfunktionen als auch Leitungsfunktionen. Diese als Fachkraft tätigen Personen sind naturgemäß im Unternehmen stark vernetzt. Sie tragen als Vorgesetzte Verantwortung, sind hier weisungsbefugt und haben durch ihre anderen Beauftragtenfunktionen häufiger direkte Kontakte mit der Geschäftsführung und auch den anderen Abteilungen im Unternehmen.

Für Führungskräfte, die im Unternehmen weitere Funktionen übernehmen, wie die der Fachkraft für Arbeitssicherheit, kann es bei der Ausübung ihrer Aufgaben zu Rollenkonflikten kommen, etwa wenn Mitarbeiter sie nicht als

Fachkraft für Arbeitssicherheit wahrnehmen oder die Personen selbst den Rollen- und Perspektivwechsel aus unterschiedlichen Gründen nicht realisieren können.

Die Aktivitäten im Arbeitsschutz der Angehörigen dieses Funktionstyps liegen gemäß Sifa-Langzeitstudie regelmäßig leider in allen Bereichen unter denen der Vollzeit-Sifas.

Empfehlung

Wer als Sifa zusätzlich Vorgesetztenfunktionen und Posten als Beauftragter übernimmt, sollte regelmäßig prüfen, ob ihm die Vielzahl der Funktionen es noch ermöglicht, die Kernaufgaben der Sifa-Tätigkeit angemessen auszuüben.

2.2.4 Innerbetriebliche Teilzeit-Sifa: Kombination der Sifa-Tätigkeit mit anderen Tätigkeiten (Funktionstyp 2d)

Die vierte mögliche Betreuungsform innerbetrieblicher Teilzeit-Fachkräfte ist dadurch gekennzeichnet, dass diese im Unternehmen neben ihrer Tätigkeit weder eine zusätzliche Beauftragtenfunktion, noch eine zusätzliche Leitungsfunktion wahrnehmen. Da sie Teilzeit-Fachkräfte sind und keine dieser Zusatzfunktionen haben, besetzen sie im Unternehmen lediglich eine „einfache“ weisungsgebundene Mitarbeiterstelle.

Bei Sifas dieses Funktionstyps ist davon auszugehen, dass ihre strukturelle Stellung im Unternehmen eher schwach ist. Damit einhergehen können weitere Konflikte, wie z. B.:

- Der Wechsel zwischen der Rolle als weisungsgebundener Mitarbeiter in der Linienorganisation (i. d. R. auf unteren Hierarchieebenen) und der Rolle als Fachkraft für Arbeitssicherheit, die auf Managementebene als Stabstelle tätig wird und direkt dem Leiter des Betriebs unterstellt ist, kann für die tätige Person einen nicht unerheblichen Interrollenkonflikt bedeuten. Gleichzeitig können Kollegen, Vorgesetzte oder andere Mitarbeiter mit dem Wissen, es handle hier „nur“ ein Mitarbeiter einer niedrigen Hierarchieebene, bestimmte für die Aufgabenerfüllung als Sifa nachteilige Erwartungen hegen. In weisungsgebundene Mitarbeiter unterer Hierarchieebenen und Sifas werden nun einmal unterschiedliche Erwartungen gesetzt („Intrarollenkonflikt“), so dass das Handeln im Rahmen der jeweiligen Aufgabe nicht unabhängig voneinander betrachtet werden kann.

- In ihrer Rolle als Fachkraft kümmern sich Sifas des Funktionstyps 2d regelmäßig auch um die Beratung anderer Abteilungen und Bereiche. So kann es z. B. vorkommen, dass die Sifa einen anderen Abteilungsleiter berät, während sie selbst aber als weisungsgebundener Mitarbeiter in der eigenen Abteilung in der Hierarchie tiefer angesiedelt ist. Dies kann zu Legitimationskonflikten bezogen auf die Rolle und Funktion der Fachkraft für Arbeitssicherheit und manchmal auch zu Ablehnungshaltungen des beratenen Abteilungsleiters führen.

Die Aktivitäten dieser Fachkräfte und auch die tatsächliche Wirksamkeit ihrer Arbeit liegen durchschnittlich deutlich niedriger als bei allen anderen in der Sifa-Langzeitstudie. genannten Betreuungsformen.

Empfehlung

Suchen Sie das direkte Gespräch mit der Unternehmensleitung über Ihre Rolle und Aufgabe als Fachkraft für Arbeitssicherheit.
Finden Sie geeignete Wege und Formen (z. B. über Führungskreisgespräche, Besprechungsrunden der unteren Führungsebenen) um allen Führungskräften Ihre Rolle, Aufgabe und Arbeitsweise zu vermitteln.

3 Nichts als Verträge: Bestellung zur Fachkraft für Arbeitssicherheit

Das Arbeitssicherheitsgesetz schreibt lediglich vor, dass Unternehmen Fachkräfte für Arbeitssicherheit zu bestellen haben. Im ASiG werden zwar die Aufgaben der Sifas vorgegeben, nicht aber deren zeitlicher Umfang. Die tatsächlich zu erbringenden Einsatzzeiten ergeben sich heute aus der DGUV Vorschrift 2 „Betriebsärzte und Fachkräfte für Arbeitssicherheit“ in der jeweils für den Betrieb gültigen Fassung (Es bestehen geringfügige Unterschiede zwischen den einzelnen Unfallversicherern).

Die DGUV Vorschrift 2 unterscheidet bei der Festlegung des Umfangs der Betreuung zwischen der „Regelbetreuung“ und der „alternativen Betreuung“. Unter Regelbetreuung wird dabei eine zeitliche und inhaltliche Festlegung des Umfangs der betriebsärztlichen und sicherheitstechnischen Betreuung bezeichnet. Hierbei ist zu unterscheiden zwischen

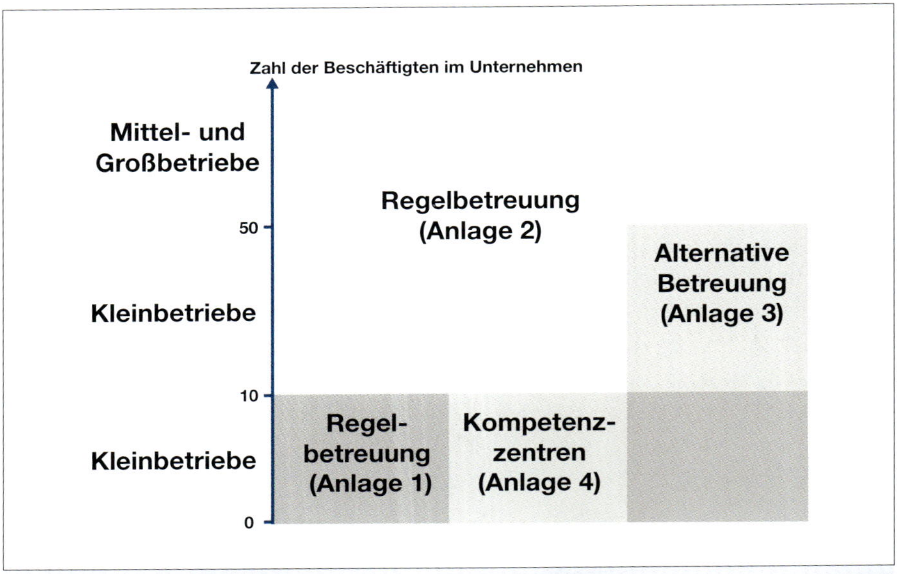

■ Übersicht zu den Betreuungsmodellen nach DGUV Vorschrift 2. Die DGUV Vorschrift 2 sieht vier verschiedene Betreuungsmodelle vor, wobei je nach Unfallversicherungsträger Anlage 3 oder Anlage 4 entfällt.

- der Regelbetreuung für Betriebe mit bis zu 10 Beschäftigten gemäß Anlage 1 DGUV Vorschrift 2, die aus Grundbetreuung und anlassbezogener Betreuung besteht. Im Rahmen der Grundbetreuung muss der Sachverstand von Sifa und Betriebsarzt bei der Erstellung bzw. Aktualisierung der Gefährdungsbeurteilung einbezogen werden
- der Regelbetreuung für Betriebe mit mehr als 10 Beschäftigten gem. Anlage 2 DGUV Vorschrift 2, die sich aus einer Grundbetreuung und der betriebsspezifischen Betreuung zusammensetzt. Grundbetreuung und betriebsspezifische Betreuung bilden zusammen die Gesamtbetreuung.

Betriebe mit bis zu 20 - 50 Beschäftigten (je nach Unfallversicherungsträger) können bei manchen Unfallversicherungsträgern anstelle der Regelbetreuung mit festgelegten Mindesteinsatzzeiten auch die alternative betriebsärztliche und sicherheitstechnische bedarfsorientierte Betreuungsform („Unternehmermodell“) wählen, wenn der Unternehmer (Dienststellenleiter) selbst aktiv in das Betriebsgeschehen eingebunden ist. Um dieses Betreuungsmodell wählen zu dürfen, muss der Unternehmer zunächst an Motivations-, Informations- und Fortbildungsmaßnahmen teilnehmen, die ihm ermöglichen, selbst zu erkennen, in welchen Fällen eine Inanspruchnahme der bedarfsorientierten betriebsärztlichen und sicherheitstechnischen Betreuung erforderlich wird.

Betriebe mit bis zu 10 Beschäftigten können bei einigen UV-Trägern auch durch sogenannte Kompetenzzentren beraten und betreut werden.

Demzufolge ist es für viele Kleinstbetriebe, also Betriebe bis maximal zehn Beschäftigten, ausreichend, wenn sie im Abstand von mehreren Jahren extern betreut werden (zu den Einzelheiten schauen Sie bitte in der DGUV Vorschrift 2 der für den Betrieb zuständigen Berufsgenossenschaft/Unfallkasse nach). Beispiele für derartige, oft unzureichend unterstützte Betriebe sind kleinere Arztpraxen, Handwerksbetriebe oder Rechtsanwaltsbüros, obwohl die tatsächliche Gefährdung sich in Kleinbetrieben oft nicht von der in Großbetrieben unterscheidet, ja sogar teilweise höher einzuschätzen ist.

3.1 Der Start: Aufgaben klären und vereinbaren – Eigenen Arbeitsplan erstellen

Das Arbeitssicherheitsgesetz (ASiG) gibt in den §§ 6 und 3 erste, nicht abgeschlossene Aufgabenkataloge für Sifas und Betriebsärzte vor. Diese werden in der Unfallverhütungsvorschrift „Betriebsärzte und Fachkräfte für Arbeitssicherheit“ (DGUV Vorschrift 2) in Anlage 2, Abschnitte 2 und 3 (und noch spezifischer in den Anhängen 3 und 4) für Betriebe mit mehr als 10 Beschäftigten konkretisiert. Unterschieden wird zwischen Aufgaben der Grundbetreuung und solchen der betriebsspezifischen Betreuung, die beide zusammen die Gesamtbetreuung ausmachen. Die Aufgabenkataloge der DGUV Vorschrift 2 gelten gemeinsam für Fachkraft für Arbeitssicherheit und Betriebsarzt. Die Leistungen sollten in enger Kooperation und Abstimmung erbracht werden (dazu mehr im Kapitel 5).

- Die Grundbetreuung umfasst dabei 37 Basisaufgaben, die kontinuierlich anfallen. Im Rahmen der Grundbetreuung unterstützen Sie den Arbeitgeber bei seinen im Arbeitsschutzgesetz festgelegten Grundpflichten, unabhängig von betriebsspezifischen oder temporären Besonderheiten.
- Der betriebsspezifische Teil der Betreuung umfasst die Betreuungserfordernisse, die sich aus den betriebsspezifischen Besonderheiten ergeben. Beratungsbedarf kann hier dauerhaft oder temporär auftreten. Welcher

Bedarf tatsächlich vorliegt, muss für jeden Betrieb bedarfsgerecht ermittelt werden.

Als neue Sifa ist es wichtig, gemeinsam mit dem Arbeitgeber zu klären, welcher Betreuungsbedarf konkret besteht, was Sie im Rahmen Ihrer Tätigkeit alles tun werden und welche Schwerpunkte Sie bei ihrer Tätigkeit setzen. Diese Aufgaben müssen mit dem Arbeitgeber vertraglich vereinbart werden.

DGUV Vorschrift 2, Anlage 2, Abschnitt 1
„Der Unternehmer hat die Aufgaben der Betriebsärzte und Fachkräfte für Arbeitssicherheit entsprechend den betrieblichen Erfordernissen unter Mitwirkung der betrieblichen Interessenvertretung (Personalrat, Betriebsrat) zu ermitteln, aufzuteilen und mit ihnen schriftlich zu vereinbaren. Der Unternehmer hat sich durch Betriebsarzt und Fachkraft für Arbeitssicherheit bei der Festlegung der Grundbetreuung und des betriebsspezifischen Teils der Betreuung beraten zu lassen."

Ergreifen Sie daher die Initiative und klären Sie zunächst für sich, wo Sie den Betreuungsbedarf sehen. Bringen Sie dann Ihre Vorstellungen zu den geplanten Betreuungsleistungen in die Beratungen und Verhandlungen mit dem Unternehmer und den anderen betrieblichen Akteuren ein. Die nachfolgende Abbildung zeigt schematisch das erforderliche Zusammenwirken der Beteiligten bei der Festlegung und Aufteilung der Aufgaben von Sifa und Betriebsarzt.

Folgende Schritte können Ihnen dabei helfen, den betrieblichen Bedarf zu identifizieren und die erforderlichen Betreuungsleistungen sinnvoll zwischen Sifa und Betriebsarzt aufzuteilen und zu vereinbaren.

3.1.1 Ermittlung der Inhalte der Grundbetreuung

1. Schritt:

Gehen Sie von den in Anhang 3 der DGUV Vorschrift 2 differenziert beschriebenen Aufgabenfeldern für die Grundbetreuung aus und prüfen Sie, welcher konkrete Betreuungsbedarf im Betrieb tatsächlich besteht.

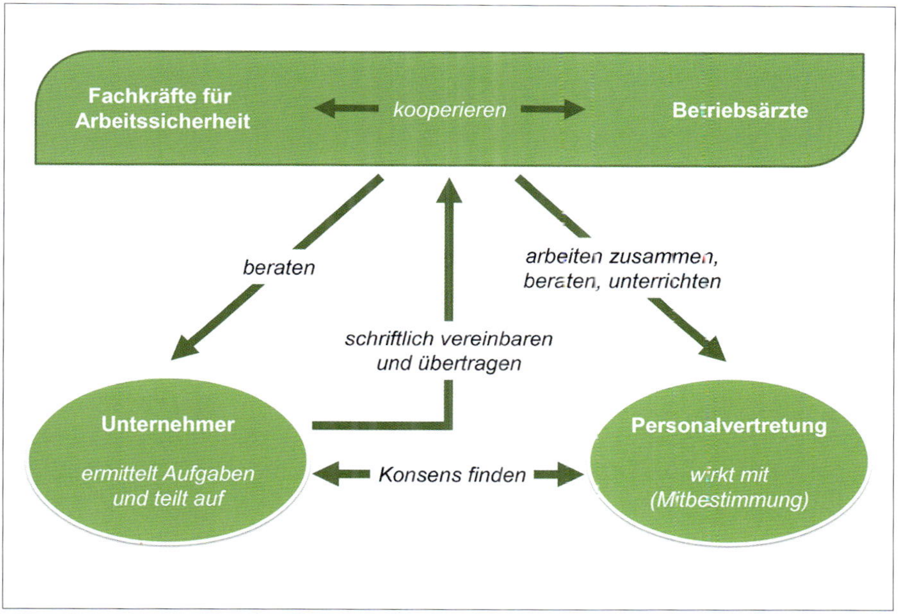

■ Kooperation der betrieblichen Akteure bei der Festlegung des Betreuungsbedarfs, schematisch

Die wichtigste Aufgabe der Fachkraft und des Betriebsarztes ist es, in enger Zusammenarbeit mit dem Arbeitgeber und den Führungskräften die umfassende **Beurteilung der Arbeitsbedingungen** (Gefährdungsbeurteilung) sicherzustellen. Dazu gehört es, insbesondere

- Vorschläge dafür zu unterbreiten, wie die Beurteilung der Arbeitsbedingungen im Betrieb organisiert werden kann, Instrumente und Hilfsmittel vorzubereiten und den Arbeitgeber bzw. die Führungskräfte zu befähigen, die Gefährdungsbeurteilung durchzuführen,
- die Führungskräfte bei der Durchführung der Gefährdungsbeurteilung zu beraten, insbesondere bei der Risikobeurteilung und der vorschriftenkonformen Maßnahmenfindung,
- die Arbeitsbedingungen zu beobachten, gesamtbetrieblich auszuwerten sowie Vorschläge für stetige Verbesserungen zu unterbreiten.

Die Verantwortung für die Gefährdungsbeurteilung bleibt dabei aber stets beim Arbeitgeber und bei den Führungskräften. Damit diese jedoch richtige

Entscheidungen treffen können, sind eine kooperative Arbeitsweise und eine fachkundige Beratung erforderlich.

Sinnvoll erscheint, anhand der im Schritt 2 folgenden Fragen den Betreuungsbedarf zusammenfassend für die wesentlichen Aufgabenbereiche der Grundbetreuung zu klären.

2. Schritt:

Ermitteln Sie den Umfang der Grundbetreuung gemäß DGUV Vorschrift 2, Anlage 2, Abschnitt 2, indem Sie zunächst den gemeinsamen Summenwert der Einsatzzeit für Fachkraft für Arbeitssicherheit und Betriebsarzt errechnen:

- Die Berechnung des Summenwertes ist abhängig von dem Gefährdungspotenzial des bestimmten Betriebes und der Eingruppierung in die entsprechende Betreuungsgruppe (I, II, III). Da sich die Einstufung am Wirtschaftszweigschlüssel (WZ-Schlüssel) orientiert, muss zunächst geklärt werden, ob und welche unabhängigen Betriebseinheiten bestehen, die ggf. eine separate Berechnung für diese Betriebsteile und ein Zusammenführen der einzelnen Betreuungszeiten erforderlich machen. Eine Definition des Begriffes „Betrieb", die hier zu Grunde gelegt werden muss, enthält der Anhang 1 der DGUV Vorschrift 2.
- Für jeden Betrieb ist dann mithilfe des WZ-Schlüssels die Betreuungsgruppe gem. Anlage 2 Abschnitt 4 zu ermitteln (0,5, 1,5 oder 2,5 Stunden Gesamtbetreuungszeit pro Jahr und Beschäftigtem).
- Für jeden Betrieb ist die Zahl der Beschäftigten festzustellen.

Ausgehend von der Zuordnung der Betriebsarten zu einer Betreuungsgruppe ist durch die Multiplikation des Faktors mit der Zahl der Beschäftigten ein Summenwert für die Grundbetreuung zu ermitteln.

Mit Hilfe des Aufgabenkataloges zur Grundbetreuung in DGUV Vorschrift 2, Anhang 3 sind für jedes Aufgabenfeld die erforderlichen Leistungen sinnvoll auf Fachkraft für Arbeitssicherheit und Betriebsarzt aufzuteilen und entsprechende Anteile des gemeinsamen Summenwertes zuzuweisen. Hierfür können Sie beispielsweise die Checklisten in Kapitel 10 nutzen. Bei der Verteilung der Einsatzzeiten sind auf jeden Fall aber die Mindestanteile zu beachten: Jede Profession muss mindestens 20 % des gemeinsamen Summenwertes, mindestens aber 0,2 Stunden pro Jahr und Beschäftigtem an Einsatzzeit zur Verfügung haben (Stand 08 / 2015).

3. Schritt:

Ermittlung des betriebsspezifischen Betreuungsbedarfs: Ein betriebsspezifischer Betreuungsbedarf, der zu den Einsatzzeiten der Grundbetreuung hinzukommt, kann sich aus den folgenden vier unterschiedlichen Aufgabengruppen ergeben:

1. Arbeitssysteme mit besonderen Risiken/besonderem Betreuungsaufwand – dieser betriebsspezifische Betreuungsbedarf ist stetig erforderlich.
2. Betriebliche Veränderungen in den Arbeitssystemen und der betrieblichen Organisation – ein derartiger betriebsspezifischer Betreuungsbedarf ist meist nur temporär erforderlich.
3. Externe Entwicklungen insbesondere durch neue/veränderte Vorschriften und die Weiterentwicklung des Stands der Technik – in Abhängigkeit von betrieblich nicht beeinflussbaren Parametern fällt ein zusätzlicher Betreuungsbedarf an; um weiterhin rechtssicher zu handeln, benötigt der Arbeitgeber Beratung zu den erforderlichen Veränderungen auf betrieblicher Ebene.
4. Im Rahmen betrieblicher Aktionen, Programmen zum Arbeitsschutz oder bei der Durchführung bestimmter Maßnahmen des Arbeitsschutzes kann ebenfalls betriebsspezifischer Betreuungsbedarf bestehen.

Prüfen Sie anhand der Auslösekriterien im Leistungskatalog für den betriebsspezifischen Teil der Betreuung (DGUV Vorschrift 2, Anhang 4) für jedes Aufgabenfeld, ob diese für den von Ihnen betreuten Betrieb relevant sind. Ermitteln Sie auch, ob es sich dabei um dauerhafte oder temporäre Aufgaben handelt. Bei temporären Aufgaben sollten der rechtzeitige Beginn der Beratung sichergestellt werden und das mögliche Ende der Aufgabe abgeschätzt werden, um die erforderliche Betreuungszeit zu kalkulieren.

Für jedes relevante Aufgabenfeld ist anschließend mithilfe der Aufwandskriterien im Leistungskatalog (DGUV Vorschrift 2, Anhang 4) festzulegen, welche Leistungen konkret anfallen und wer (Sifa oder Betriebsarzt) welche Leistungen erbringen soll. Beschreiben Sie Ihre Leistungen so konkret wie möglich, damit jeder im Betrieb nachvollziehen kann, warum dies erforderlich ist und was Sie dort tun werden.

Die DGUV Vorschrift 2 lässt es auch zu, Aufgabenfelder sachgerecht – z. B. in Form von betrieblichen Projekten – zusammenzufassen.

Stimmen Sie sich rechtzeitig mit dem Betriebsarzt ab, welche betriebsspezifischen Betreuungsleistungen er in den einzelnen Aufgabenfeldern erbringen wird. Für jede zugewiesene Leistung ist schließlich der erforderliche Personalaufwand abzuschätzen.

Sie können wiederum die Checkliste 10.2 im Anhang nutzen, um Anregungen für Ihre konkreten Leistungen zu erhalten.

4. Schritt:

Sinnvoll erscheint es, zwischen Unternehmer und Personalvertretung einen Konsens über die Inhalte, den Umfang der Betreuung und ihrer Aufteilung zwischen Betriebsarzt und Sifa zu erzielen.

Die Aufteilung der Aufgaben auf Fachkraft für Arbeitssicherheit und Betriebsarzt und den Umfang der Betreuung legt zwar grundsätzlich der Unternehmer fest, da die Personalvertretung der Bestellung aber zustimmen muss, ist eine Abstimmung und Konsensbildung unumgänglich, um die Anforderungen an die Mitbestimmung einzuhalten. Ein Einbinden der Personalvertretung sollte durch den Arbeitgeber also im eigenen Interesse rechtzeitig erfolgen.

Unabhängig davon hat auch die Sifa Unterrichtungs-, Informations- und Zusammenarbeitspflichten mit der Personalvertretung.

5.Schritt:

Die zugewiesenen Betreuungsleistungen und der Umfang der Betreuung sind vom Unternehmer mit der Fachkraft für Arbeitssicherheit, dem Betriebsarzt und der Personalvertretung schriftlich zu vereinbaren. Die Beschäftigten müssen über die Betreuung informiert werden.

6. Schritt:

Erstellen Sie dann für sich auf Grundlage der vereinbarten Betreuungsleistungen und unter Berücksichtigung Ihrer zeitlichen Möglichkeiten einen Arbeitsplan:

Stellen Sie Ihre Leistungspakete zusammen

- Was wollen Sie in welcher Reihenfolge tun?
- Was soll bis wann erledigt sein?
- Welche Ziele verfolgen Sie mit den einzelnen Leistungspaketen?
- Was soll durch Ihre Unterstützungs- und Beratungsleistungen erreicht werden?
- Was sind Erfolgskriterien für Ihre Arbeit?

Den zu diesem Zeitpunkt erstellten Arbeitsplan können Sie später als Grundlage für die Erstellung der erforderlichen Berichte an den Arbeitgeber nutzen. Die Fachkraft für Arbeitssicherheit und der Betriebsarzt müssen kontinuierlich dokumentieren, was sie im Rahmen ihrer Leistungserbringung getan haben und welche Ergebnisse erreicht wurden. Dies können Sie auch zur Selbststeuerung nutzen, indem Sie regelmäßig selbst prüfen, ob die übertragenen Leistungen im vorgesehenen Umfang erbracht werden.

Gemäß DGUV Vorschrift 2 müssen Sie regelmäßig über Maßnahmen und Ergebnisse der Leistungserbringung berichten, wobei die Berichte auch Auskunft zur Zusammenarbeit mit dem Betriebsarzt enthalten sollen.

§ 5 DGUV Vorschrift 2
„Der Unternehmer hat die gemäß § 2 dieser Unfallverhütungsvorschrift bestellten Betriebsärzte und Fachkräfte für Arbeitssicherheit zu verpflichten, über die Erfüllung der übertragenen Aufgaben regelmäßig schriftlich zu berichten. Die Berichte sollen auch über die Zusammenarbeit der Betriebsärzte und Fachkräfte für Arbeitssicherheit Auskunft geben."

Anlage 2, Punkt 1, DGUV Vorschrift 2
„Maßnahmen und Ergebnisse der Leistungserbringung sind im Rahmen der regelmäßigen Berichte von Betriebsarzt und Fachkraft für Arbeitssicherheit nach § 5 zu dokumentieren"

Derartige Berichte können ggf. auch im Arbeitsschutzausschuss präsentiert und über Konsequenzen daraus beraten werden.

Die vereinbarten Leistungen und zeitlichen Umfänge und deren Aufteilung auf Fachkraft für Arbeitssicherheit und Betriebsarzt sind bei betrieblichen Änderungen und regelmäßig (z. B. jährlich) zu überprüfen. Bei festgestelltem Anpassungsbedarf sind die oben genannten Schritte erneut zu durchlaufen.

3.2 Berechnung der Einsatzzeiten

Der konkrete zeitliche Umfang der Regelbetreuung für Betriebe mit mehr als 10 Beschäftigten setzt sich zusammen aus der sogenannten Grundbetreuung und der betriebsspezifischen Betreuung. Die Grundbetreuung hängt sowohl von der Größe des Betriebes (maßgebend ist die Beschäftigtenzahl) als auch von den Gefährdungen aufgrund des Unternehmenszwecks entsprechend der Einteilung in den WZ-Code ab.

Hinzu kommt, wie oben beschrieben, jeweils die betriebsspezifische Betreuung, die den konkreten Bedingungen des Unternehmens und seinen Gefährdungen Rechnung trägt und zusätzlich ermittelt werden muss.

Zu beachten ist, dass die DGUV Vorschrift 2 die sicherheitstechnische und betriebsärztliche Betreuung in der Summe angibt. Gemeinsam mit dem betreuenden Betriebsarzt und dem Unternehmer ist die konkrete Aufteilung auf die beiden Fraktionen vorzunehmen. Beispiele für ein Alten- und Pflegeheim und einen Industriebetrieb finden sich im Anhang 10.9.

Die Berechnung der Mindesteinsatzzeiten und der betriebsspezifischen Betreuung sowie die Aufteilung auf die Arbeitssicherheit und die Arbeitsmedizin gelten sowohl für interne als auch externe Fachkräfte für Arbeitssicherheit und überbetriebliche Dienste. Bei einer externen Betreuung ist zu beachten, dass Fahrzeiten vom Büro zum zu betreuenden Unternehmen nicht als Einsatzzeit angerechnet werden dürfen.

Hinsichtlich konkreter Daten im Einzelfall wird auf die DGUV Vorschrift 2 der für den Betrieb zuständigen Berufsgenossenschaft verwiesen.

3.3 Formale Bestellung

Nach § 5 ASiG und § 2 DGUV Vorschrift 2 sind die Fachkräfte für Arbeitssicherheit schriftlich zu bestellen. Dieses gilt lediglich dann nicht, wenn ein überbetrieblicher sicherheitstechnischer Dienst nach § 19 ASiG verpflichtet wird. In beiden Fällen müssen aber die Aufgaben nach § 6 ASiG übertragen bzw. der beauftragte Dienst zur Wahrnehmung seiner Aufgaben verpflichtet werden.

Neben der eigentlichen Bestellung und der Übertragung der Aufgaben muss bei größeren Betrieben oder gar Konzernen ggf. auch der genaue Teil des Betriebes aufgeführt werden, für den die Fachkraft für Arbeitssicherheit tätig sein soll. Ein Beispiel für eine Bestellungsurkunde zur Fachkraft für Arbeitssicherheit ist in Kapitel 10.8 zu finden.

In Betrieben mit Mitarbeitervertretung ist darauf zu achten, dass die Mitbestimmungsrechte des Betriebs-/ Personalrats bei der Bestellung gewahrt bleiben. Über die gewählte Form der Betreuung (intern, extern oder überbetrieblicher Dienst) ist die Mitarbeitervertretung zu informieren und bei der

Auswahl der Sifa und des Betriebsarztes zu beteiligen. Die Bestellung einer internen Fachkraft für Arbeitssicherheit ist zustimmungspflichtig. Das Gleiche gilt in diesem Fall aber auch für die Abberufung einer Fachkraft für Arbeitssicherheit.

3.4 Vertragsgestaltung für freiberufliche Sifas

In diesem Teil des Buches soll es um die sinnvolle Vertragsgestaltung einer freiberuflichen Fachkraft für Arbeitssicherheit gehen. Für angestellte Fachkräfte gilt der Arbeitsvertrag, ggf. Funktions- oder Stellenbeschreibungen und natürlich die Bestellungsurkunde. Überbetriebliche sicherheitstechnische Dienste haben ihre eigenen Verträge und ggf. allgemeine Geschäftsbedingungen. Arbeiten Sie für einen solchen Dienst, haben Sie einen regulären Arbeitsvertrag als Sifa und Ihr Arbeitgeber kümmert sich um die Vertragsgestaltung mit den Kunden.

Rein theoretisch kann man mit einem dreizeiligen Vertrag die sicherheitstechnische Betreuung als freiberufliche Fachkraft für Arbeitssicherheit übernehmen. Dass ein derartiger Vertrag in der Praxis zu Schwierigkeiten führen wird, scheint logisch. In einem Vertrag mit dem betreuten Unternehmen sollte auf jeden Fall der Verrechnungssatz und Angaben zur Mehrwertsteuer sowie natürlich der sachliche und zeitliche Betreuungsumfang enthalten sein. Ansonsten gelten die üblichen Regelungen des BGB und der Bestellungsurkunde. Diese einfache Form der Vertragsgestaltung würde aber den besonderen Aufgaben und der besonderen Position einer externen Fachkraft für Arbeitssicherheit nicht ausreichend gerecht werden.

Neben dem Tarif und den Regelungen zur Umsatzsteuer sollten daher unbedingt weitere Punkte berücksichtigt werden.

Hervorzuheben sind insbesondere Angaben

- zur Schweigepflicht und
- zum Datenschutz,
- zur Auskunftspflicht des Auftraggebers,
- zur Haftpflichtversicherung,
- zur notwendigen Qualifikation und
- Angaben zur Lösung bei Verhinderung der Fachkraft für Arbeitssicherheit.

Wesentlich sind natürlich auch der Vertragsbeginn und die Möglichkeiten und Fristen einer Kündigung. Um Streitereien hinsichtlich der ggf. vorgeschriebenen Fortbildungen (siehe hierzu Kapitel 6) von vornherein aus dem Wege zu gehen, sollten auch Inhalte zum Umfang der Fortbildung als Fachkraft für Arbeitssicherheit aufgenommen werden.

In Ihrem eigenen Interesse sollte die Honorargestaltung so detailliert wie nötig geregelt sein. Neben Angaben zum Umfang und Honorierung der Grundbetreuung und der betriebsspezifischen Betreuung können auch Nebenkosten und innerbetriebliche Wegezeiten wie Kilometergeld etc. angegeben werden. Da alle diese Honorare der Umsatzsteuer unterliegen, ist diese ebenfalls anzugeben.

Die Höhe des Honorars muss so berechnet sein, dass alle anfallenden Ausgaben betrieblicher Art, Steuern und sonstige Pflichtabgaben davon bezahlt werden können. Ferner müssen die Sozialbeiträge (siehe dazu auch Kapitel 3.5 Versicherung), die von Ihnen zu entrichten sein werden, berücksichtigt werden. Und zum Leben muss auch noch ausreichend übrig bleiben. Es empfiehlt sich, hier nicht zu knapp zu kalkulieren, Sie werden vielleicht ja auch einmal krank. Und investieren müssen Sie letztendlich auch, sei es in Auto, in Messinstrumente oder weitere Qualifizierungen, die in der Regel auch nicht kostenlos sind. Bedenken Sie, dass es sich bei Ihrem Honorar in der Regel um eine Ingenieurleistung handelt, die erbracht wird, und nicht um eine Meisterleistung eines Handwerkers. Hinweise zur Ermittlung der sinnvollen Höhe eines Honorars geben u. a. auch Gebührenordnungen der Länder zum Arbeitsschutz und evtl. das Justizvergütungs- und -entschädigungsgesetz (JVEG).

Weitere Informationen zur Honorargestaltung sind in der VDSI-Information 06/2010 „Der Schlüssel zum Erfolg: Der Businessplan für Fachkräfte für Arbeitssicherheit“ anschaulich und recht umfassend dargestellt.

Der Betreuungsvertrag sollte neben dem Umfang der sächlichen und zeitlichen Leistungen auch den Hinweis enthalten, dass die Fachkraft für Arbeitssicherheit nur beratend tätig ist und nicht für die Umsetzung der Arbeitssicherheit verantwortlich zeichnet. Um den Vertrag lesbar zu halten, bietet es sich an, den sächlichen (und ggf. auch zeitlichen) Umfang als Anhang in den Vertrag aufzunehmen.

Vorlagen und Musterverträge gibt es ausreichend im Internet. Auch der Verband für Sicherheit, Gesundheit und Umweltschutz bei der Arbeit – VDSI – hat für seine Mitglieder auf seiner Homepage einen entsprechenden Mustervertrag veröffentlicht. Dieser Vertrag entspricht insbesondere auch den Vorgaben der Gesellschaft für Qualität im Arbeitsschutz – GQA. Aber vielleicht bietet auch der eine oder andere erfahrene Kollege seine Hilfestellung bei der Vertragsgestaltung an.

3.5 Versicherung

Das Haftungsrisiko einer Sifa auf Grund von Fehlberatung haben wir in Kap. 8.3 ausführlich dargestellt.

Am einfachsten zu bewerten ist das Haftungsrisiko sicherlich für eine angestellte Fachkraft für Arbeitssicherheit: Sie hat einen Arbeitsvertrag und über diesen Arbeitsvertrag ist sie ausreichend sozialversichert. Hinzu kommt, dass sie im Falle eines Schadens gegenüber dem Unternehmer nur bei grober Fahrlässigkeit oder Vorsatz haften muss. Um hier mögliche Rechtsstreitigkeiten absichern zu können, könnte eine private Rechtsschutzversicherung, die diesen Fall mit abdeckt, sinnvoll sein.

Für angestellte Fachkräfte für Arbeitssicherheit bei überbetrieblichen Diensten gilt grundsätzlich dasselbe. Der überbetriebliche Dienst wiederum wird eine entsprechende Haftpflichtversicherung für seine Mitarbeiter abgeschlossen haben, die das Risiko des Dienstes deckt.

Bleiben also die freiberuflich tätigen Fachkräfte für Arbeitssicherheit übrig.

Da sie nicht in einem Anstellungsverhältnis stehen, müssen sie grundsätzlich alle Risiken selbst versichern. Sofern sie nicht scheinselbstständig sind (auf diese umfangreiche Problematik wollen wir hier nicht im Einzelnen eingehen, dazu sei auf die Beratung durch die juristischen Berufe verwiesen) müssen auch sämtliche Sozialversicherungen und mehr selbst getragen werden.

Hierzu gehören

- die Krankenversicherung,
- die Pflegeversicherung,
- die Rentenversicherung, die Berufsunfähigkeitsversicherung und
- die Unfallversicherung.

Hinzu kommt die unbedingt nötige Betriebshaftpflichtversicherung, um im Falle einer Fehlberatung und dem daraus entstandenen Schaden nicht persönlich in Regress genommen zu werden (so z. B. Urteil des OLG Nürnberg vom 17.6.2014, AZ. 4U 1706/12).

Bei der Kranken- und Pflegeversicherung besteht in der Regel die Wahl zwischen einer freiwilligen Versicherung in einer gesetzlichen Krankenversicherung und in einer privaten Versicherung. Die Entscheidung darüber muss im Endeffekt jeder für sich unter Berücksichtigung seiner Lebensumstände und seiner Lebensplanung selbst entscheiden. Eine allgemeingültige Darstellung, ob gesetzlich oder privat krankenversichert für den Einzelnen besser ist, kann hier nicht gegeben werden. Zu beachten ist auch, dass zumindest derzeit ein Wechsel von einer privaten Krankenversicherung in eine gesetzliche entweder gar nicht oder nur unter ganz bestimmten Voraussetzungen möglich ist.

Inwieweit eine Versicherungspflicht in der gesetzlichen Rentenversicherung (DRV) besteht, muss ebenfalls im Einzelfall geprüft werden. Ist eine Pflichtversicherung in der DRV nicht erforderlich und auch nicht gewünscht, sollten auf jeden Fall private Rentenvorsorgen betrieben werden. Das Angebot hierzu ist breit gefächert, so dass eine generelle Aussage auch hier nicht möglich ist. Auch hier muss jede Fachkraft für Arbeitssicherheit für sich entscheiden, was sie will, wie viel sie vorsorgen will und welchen Lebensstandard sie im Ruhestand gesichert wissen will. Es kann daher auch durchaus sinnvoll sein, zusätzlich zur gesetzlichen Rentenversicherung weitere private Rentenversicherungen abzuschließen.

Für Freiberufler und Selbstständige gibt es natürlich keine Arbeitslosenversicherung. Auch dieses sollte unter Umständen mit ins Kalkül gezogen werden und entsprechende Rückstellungen gebildet werden. Wenn auch die normale Arbeitslosigkeit nicht versichert werden kann, sollte auf jeden Fall eine Berufsunfähigkeitsversicherung abgeschlossen werden. Denn wenn keine Beiträge in die gesetzliche Rentenversicherung eingezahlt werden, besteht auch kein Anspruch auf Erwerbsunfähigkeitsrente. Auch hier lassen sich wiederum keine detaillierten Aussagen treffen, da jeder Einzelfall gesondert betrachtet werden muss.

Jeder abhängig Beschäftigte ist zwangsweise über das Unternehmen in der gesetzlichen Unfallversicherung gegen Arbeitsunfälle und Berufskrankheiten versichert. Das gilt für freiberuflich tätige Fachkräfte für Arbeitssicherheit nicht. Sie können sich aber freiwillig in der gesetzlichen Unfallversicherung versichern. Zuständiger Unfallversicherungsträger wäre in diesem Fall die Verwaltungs-Berufsgenossenschaft (VBG) in Hamburg. Die Beiträge hierfür sind, verglichen mit den anderen Sozialversicherungen, durchaus überschaubar. Versichert sind hier neben der eigentlich konkreten Tätigkeit auch Dienstreisen und Dienstfahrten sowie Fahrten zur Arbeitsstätte und zurück.

Und zu guter Letzt, darauf sei erneut hingewiesen, braucht jede Fachkraft für Arbeitssicherheit natürlich eine Berufshaftpflichtversicherung, um im Haftungsfall nicht mit dem privaten Vermögen herangezogen zu werden.

Tipp zur Berufshaftpflichtversicherung
Es ist sinnvoll, bei Ihrem Berufsverband bezüglich einer Berufshaftpflichtversicherung nachzufragen. Häufig haben die Verbände mit bestimmten Versicherern Sonderkonditionen für ihre Mitglieder ausgehandelt. Die Verbände achten in der Regel auch darauf, dass wirklich alle wesentlichen Berufshaftpflichtrisiken vom Versicherungsvertrag abgedeckt sind.

Hier sei zum Schluss dieses Kapitels noch der Hinweis gestattet, dass die Versicherungen insgesamt einen recht hohen Anteil der Gesamtausgaben einer freiberuflichen Fachkraft für Arbeitssicherheit ausmachen. Dieses ist bei der Vertragsgestaltung auf jeden Fall zu berücksichtigen, da die allermeisten Versicherungen erst nach Abzug der Steuern angesetzt werden können, also nicht als Betriebsausgaben abzugsfähig sind.

4 Ausgewählte zentrale Aufgaben: Begehung, Gefährdungsbeurteilung und Arbeitsschutzmanagementsysteme

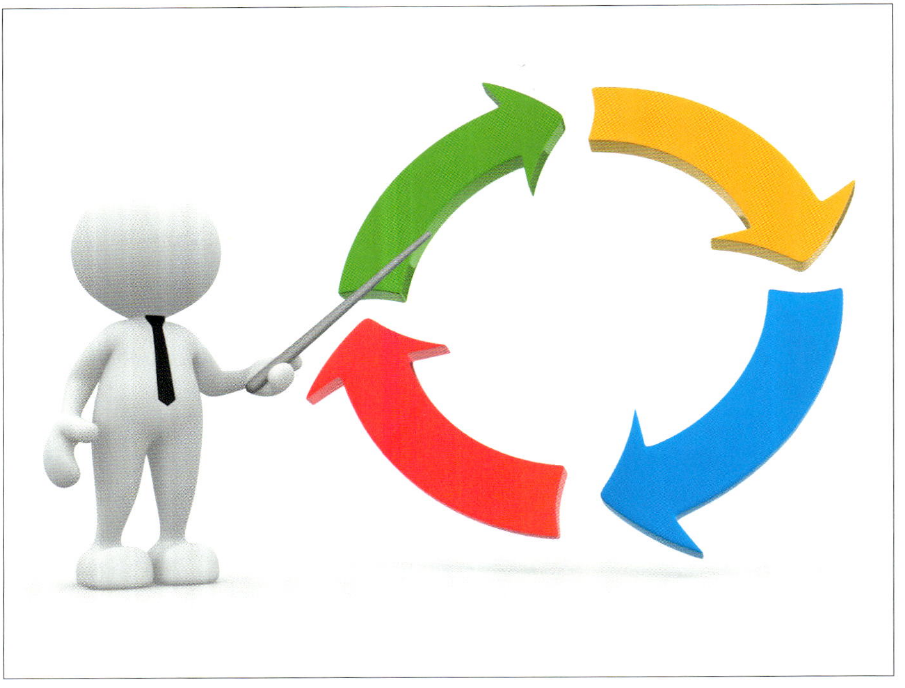

4.1 Begehungen

Regelmäßige Begehungen durch die Fachkraft für Arbeitssicherheit, gemeinsam mit dem Betriebsarzt, dem zuständigen Sicherheitsbeauftragten und dem Vorgesetzten sind ein wesentliches Instrument, um Gefährdungen und Risiken im betrieblichen Alltag rechtzeitig zu erkennen, einzuschätzen und gegebenenfalls zu vermeiden bzw. vermindern. Es handelt sich hierbei sozusagen um Gefährdungsbeurteilungen vor Ort – demgemäß bilden Begehungen eine wichtige Grundlage für weitergehende Analysen. Im Sinne eines „Setting-Ansatzes" ist eine gesunde, menschengerechte Arbeitsumgebung eine wesentliche Voraussetzung für gesunde Mitarbeiter. Begehungen liefern den Arbeitsschutzexperten wesentliche Informationen über das Arbeitsumfeld der Beschäftigten. Gesetzliche Grundlage für die Begehungen bildet das Arbeitssicherheitsgesetz. Hier heißt es ausdrücklich:

§ 10 ASiG

„Die Betriebsärzte und die Fachkräfte für Arbeitssicherheit haben bei der Erfüllung ihrer Aufgaben zusammenzuarbeiten. Dazu gehört insbesondere, ***gemeinsame*** *Betriebsbegehungen vorzunehmen. Die Betriebsärzte und die Fachkräfte für Arbeitssicherheit arbeiten bei der Erfüllung ihrer Aufgaben mit den anderen im Betrieb für Angelegenheiten der technischen Sicherheit, des Gesundheits- und des Umweltschutzes beauftragten Personen zusammen.“*

Begehungen sollten also als gemeinsame Begehungen durch Fachkräfte für Arbeitssicherheit und Betriebsärzte, unter Beisein der zuständigen Führungskraft, des Sicherheitsbeauftragten und eines Mitarbeiters der Personalvertretung, im Idealfall jährlich und nach allen Änderungen in Prozessen etc. erfolgen. Zu einer gelungenen Begehung gehört schon im Vorfeld die gründliche Vorbereitung. Hierzu zählen die Durchsicht des letzten Begehungsprotokolls, eine Analyse des Unfallgeschehens, die Kenntnis über die AU-Zeiten sowie eine Erfassung eventuell vorhandener Verdachtsanzeigen auf Berufskrankheiten. So können rechtzeitig Problembereiche identifiziert werden und dann vor Ort genauer analysiert werden.

Die Erstellung eines Begehungsplanes, der die Termine für gemeinsame Begehungen sowie deren Art und Umfang im Jahresverlauf regelt, sollte selbstverständlich sein. Durch die Begehungen erhalten Fachkraft und Betriebsarzt einen konkreten Eindruck von den tatsächlichen Arbeitsbedingungen vor Ort. So können erste Erkenntnisse über technische, arbeitsorganisatorische, psychosoziale und sonstige Bedingungen bei der Arbeit gewonnen werden. Selbstverständlich helfen Begehungen daher auch, arbeitsbedingte Gesundheitsgefahren und Unfallrisiken zu erkennen und bieten dem Betriebsarzt die Möglichkeit, die Beschäftigten während ihrer Arbeitszeit zu beraten. Für Ihre betriebsärztlich tätigen Kollegen sind Begehungen auch deswegen unabdingbar, da die hierbei gewonnenen Kenntnisse über die Arbeitsplätze der Beschäftigten als Grundlage für die Durchführung arbeitsmedizinischer Vorsorgeuntersuchungen erforderlich sind.

Begehungen durch Arbeitsschutzbehörden
Zunehmend erfolgen Begehungen durch Arbeitsschutzbehörden oder Vertreter der gesetzlichen Unfallversicherung nicht mehr in Form einer Kontrolle jedes Arbeitsplatzes, sondern in Form einer Organisationsprüfung. In der Regel wird hierbei nach dem sogenannten ORGA-check vorgegangen, der den Empfehlungen der gemeinsamen deutschen Arbeitsschutzstrategie entspricht.
(Näheres erfahren Sie hier: www.gda-orgacheck.de/daten/gda/index.htm)
Aber auch klassische Kontrollen durch Unfallversicherung oder staatliche Behörde sind heute noch üblich.
Wird eine derartige Kontrolle durch die Behörden rechtzeitig angekündigt, ist es sinnvoll, als Sifa an dem anberaumten Termin persönlich teilzunehmen und die Erkenntnisse in die kommenden Beratungen einfließen zu lassen.

4.2 Gefährdungsbeurteilung

Die heute wichtigste Grundpflicht des Arbeitgebers im Arbeitsschutz ist es, die Gefährdungen der Beschäftigten bei der Arbeit zu ermitteln, um zu entscheiden, welche Maßnahmen des Arbeitsschutzes erforderlich sind, um diese Gefährdungen zu minimieren oder ganz zu verhindern.

Die Gefährdungsbeurteilung ist damit DIE zentrale Grundlage für die Entscheidung über jedwede Präventionsmaßnahme!

Die Unterstützung bei der Gefährdungsbeurteilung ist dann wiederum eine zentrale Aufgabe der Fachkraft für Arbeitssicherheit.

Fachkräfte für Arbeitssicherheit haben hier die Aufgabe, den Unternehmer bei der Implementierung eines Gesamtkonzeptes zur Beurteilung der Arbeitsbedingungen und der Durchführung dieser Beurteilungen zu unterstützen und die gelebte Praxis regelmäßig auszuwerten, um Strukturen und Prozesse der Gefährdungsbeurteilung ständig zu verbessern. Zur konkreten Festlegung der erforderlichen Aufgaben siehe im Anhang.

Die Sifa-Langzeitstudie zeigt dazu Folgendes:

1. Der überwiegende Teil der Fachkräfte kümmert sich aktiv um die Gefährdungsbeurteilung.
   - Etwa 75 % der Fachkräfte führen systematische Risikobeurteilungen und arbeitsablauforientierte Gefährdungsbeurteilungen durch.

- Über 80 % der Fachkräfte für Arbeitssicherheit kümmern sich um ein betriebliches Gesamtkonzept zur Gefährdungsbeurteilung. Eine deutlich geringere Zahl erarbeitet hierzu Hilfen für Führungskräfte (65 %).
- Fachkräfte für Arbeitssicherheit kümmern sich mit ziemlicher Intensität um die Gefährdungsbeurteilung. Die eigene Durchführung wird insgesamt etwas intensiver betrieben als die Entwicklung eines Gesamtkonzepts und die Unterstützung der Führungskräfte.
- Im Vergleich fällt die Intensität des Handelns der Fachkräfte bei der Hilfe für Führungskräfte etwas geringer aus.

2. Die aktive Beschäftigung mit der Gefährdungsbeurteilung wirkt sich deutlich positiv auf den Erfolg der Sifas aus.
   - Die Wirksamkeit der Fachkräfte hängt nachweislich mit der Intensität ihres Handelns zur Gefährdungsbeurteilung zusammen. Dies gilt für alle Wirksamkeitsfelder sowie für den betrieblichen Nutzen, den die Fachkraft für Arbeitssicherheit erzielt.
   - Die Entwicklung eines betrieblichen Gesamtkonzepts zeigt den stärksten Einfluss auf die Wirksamkeit der Fachkräfte. Demgegenüber zeigt die eigenhändige Durchführung von Gefährdungsbeurteilungen einen deutlich niedrigeren Wirkungsgrad. Die Schaffung einer geeigneten Organisation zur Gefährdungsbeurteilung erweist sich hier als deutlich wirksamer.
   - Zur menschengerechten Arbeitsgestaltung und zum betrieblichen Nutzen trägt die eigene Durchführung von Gefährdungsbeurteilungen durch die Fachkraft deutlich weniger bei als die Entwicklung eines Gesamtkonzepts oder die Unterstützung der Führungskräfte.
   - Selbst für die eigentliche Gefährdungsreduktion zeigt sich eine Überlegenheit der Entwicklung eines betrieblichen Gesamtkonzepts gegenüber der eigenen Durchführung von Gefährdungsbeurteilungen.
   - Fachkräfte, die Führungskräfte bei der Beurteilung der Arbeitsbedingungen unterstützen, zeigen eine höhere Wirksamkeit.
3. Verschiedene Motive nehmen Einfluss darauf, ob Fachkräfte sich um Risikomanagement und Gefährdungsbeurteilungen kümmern oder nicht.
   - Die Überzeugung, dass ein betriebliches Gesamtkonzept zur Gefährdungsbeurteilung und eine systematische Risikobeurteilung wirksame Maßnahmen sind, stellt für Fachkräfte die wichtigste Motivation dar, hier intensiv tätig zu werden.

- Sehr relevant ist auch das Verständnis, dass die Aufgaben aufgrund der Vorgaben aus Regeln und Vorschriften in den eigenen Zuständigkeitsbereich fallen. Legen Führungskräfte besonderen Wert auf diese Maßnahmen, motiviert das Fachkräfte, hier tätig zu werden. Lehnen Führungskräfte sie ab, ist das ein wichtiger Grund, nicht zu handeln.

Fazit
Auf die Entwicklung und Umsetzung eines betrieblichen Gesamtkonzepts zur Gefährdungsbeurteilung kommt es an!

Eine Gefährdungsbeurteilung ist durchzuführen:

- als Erstbeurteilung an bestehenden Arbeitsplätzen,
- bei wesentlichen Änderungen im Betrieb, insbesondere bei Veränderungen von Arbeitsabläufen und/oder Einführung neuer Arbeitsstoffe,
- bei der Neubeschaffung von Maschinen, Geräten und Einrichtungen,
- Wiederholung in regelmäßigen Abständen (ein sinnvoller Zeitrahmen kann nicht empfohlen werden, da viele Parameter Einfluss auf die Notwendigkeit einer erneuten Durchführung haben; Fingerspitzengefühl und Erfahrung der Verantwortlichen sind gefragt),
- nach Änderung des Standes der Technik,
- nach Änderung der Gesetzeslage,
- nach Auftreten von Arbeitsunfällen, Störfällen, Beinahe-Unfällen, Berufskrankheiten und anderen Erkrankungen
- oder auch in der Folge arbeitsmedizinischer Untersuchungen.

Bevor Sie loslegen, müssen natürlich Rahmenbedingungen geschaffen werden. Die Definition von Zielen und vor allem die Vorgehensweise müssen allen Beteiligten klar verständlich gemacht werden. Es wirkt kontraproduktiv und ist mehr als frustrierend für den oder die Durchführenden der Gefährdungsbeurteilung, wenn nicht alle Beschäftigten aktiv daran mitarbeiten.

Zur konkreten betrieblichen Festlegung, wie Ihre Unterstützungsleistung als Sifa bei der Gefährdungsbeurteilung aussieht, siehe Anhang 2 „Aufgaben klären in der Grundbetreuung“, das Aufgabenfeld „Gefährdungsbeurteilung sowie die Beschreibungen und Erläuterungen im Anhang 3 der DGUV Vorschrift 2 zu den Aufgabenfeldern 1.1. bis 1.3.

4.3 Für eine geeignete Organisation sorgen – Managementsysteme

Der Arbeitsschutz muss heute ein selbstverständlicher Bestandteil aller betrieblicher Prozesse und Entscheidungen sein. Um Betriebe und Einrichtungen hier entsprechend zu unterstützen, erschien es im Rahmen der Gemeinsamen Deutschen Arbeitsschutzstrategie unabdingbar, dass auch das Aufsichtspersonal der Länder und der Unfallversicherungsträger ein gemeinsames Verständnis zu den Inhalten und der Bewertung der betrieblichen Arbeitsschutzorganisation hat, um den Betrieben verlässliche Aussagen und Angebote zur betrieblichen Arbeitsschutzorganisation zu geben. Damit sollte ein wesentlicher Beitrag zu mehr Gesundheit für die Beschäftigten und höherer Produktivität und weniger Produktionsausfall geleistet werden.

Hierzu wurde von der GDA eine Leitlinie verabschiedet (die auf dem GDA-Portal im Internet als pdf-Dokument zum Download bereitsteht), deren praktische Umsetzung eine elementare Bedeutung zukommt, da eine geeignete Organisation des Arbeitsschutzes ein Qualitätsmerkmal darstellt und die Grundlage für eine wirkungsvolle Präventionsarbeit bildet.

Der GDA-ORGAcheck ist ein von Bund, Ländern, Unfallversicherungsträgern und Sozialpartnern im Rahmen der Gemeinsamen Deutschen Arbeitsschutzstrategie (GDA) gemeinsam erarbeitetes Instrument zur Selbstbewertung der Arbeitsschutzorganisation. Der GDA-ORGAcheck ist ein Angebot vor allem für kleine und mittlere Unternehmen, weil er zentrale Organisationspflichten des Arbeitsschutzes für die Umsetzung im Betrieb kompakt und leicht verständlich aufbereitet.

Der GDA-ORGAcheck ermöglicht es kleinen und mittelständischen Unternehmen, ihre Arbeitsschutzorganisation zu überprüfen und zu verbessern. Damit trägt der GDA-ORGAcheck sowohl dazu bei, die Potenziale eines gut organisierten Arbeitsschutzes für die störungsfreie Arbeitsorganisation zu nutzen als auch die Wettbewerbsfähigkeit des Unternehmens zu unterstützen. Hierzu muss die betriebliche Arbeitsschutzorganisation so gestaltet sein, dass die Sicherheit der Beschäftigten gewährleistet ist und ihre Gesundheit erhalten wird.

Der GDA-ORGAcheck

- ist ein Selbstbewertungsinstrument für kleine und mittlere Unternehmen zur Prüfung und Verbesserung der Qualität der Arbeitsschutzorganisation,
- bietet den Unternehmen die Möglichkeit, selbst eine Standortbestimmung zum Arbeitsschutz vorzunehmen,
- verbessert die Arbeitsschutzorganisation,
- fördert den störungsfreien Betrieb und die Produktqualität und damit auch die Wettbewerbsfähigkeit des Betriebs,
- hilft unfall- oder störungsbedingte Kosten zu vermeiden,
- unterstützt bei der systematischen Durchführung der Gefährdungsbeurteilung,
- kann auch von größeren Unternehmen zur Bewertung ihrer Lieferanten, Partnerfirmen und Kontraktoren eingesetzt werden,
- ist eine gute Vorbereitung für das GDA-Arbeitsprogramm „Verbesserung der Organisation des betrieblichen Arbeitsschutzes“,
- ist der erste Schritt zur Einführung eines Arbeitsschutzmanagementsystems,
- ermöglicht als Online-Tool den Vergleich mit anderen teilnehmenden Unternehmen (Benchmark).

Den GDA-ORGAcheck finden Sie zum kostenlosen Download oder aber auch als Online-Tool oder App (Android und iOS) unter www.gda-portal.de. => Handlungshilfen der GDA.

In Fragen von Sicherheit und Gesundheit darf man nichts dem Zufall überlassen. Arbeitssicherheit ist genauso gründlich zu planen und zu organisieren wie die betrieblichen Prozesse selbst. Gut auf die betrieblichen Prozesse abgestimmte Arbeitsschutzmanagementsysteme (AMS) bilden eine optimale Grundlage dazu.

Als neue Fachkraft für Arbeitssicherheit können Sie dabei im Grunde auf zwei Situationen treffen:

1. Es besteht bereits ein Arbeitsschutzmanagementsystem:
   In diesem Falle wird Ihr Vorgänger bereits dieses System installiert haben. Sie sollten sich mit dem Handbuch zu Ihrem Arbeitsschutzmanagementsystem vertraut machen. Eventuell wäre es zu überlegen, im Rahmen Ihrer Weiterbildung sich mit Kursen zu diesem speziellen Arbeitsschutzmanagementsystem zu befassen.

2. Sie wollen/sollen ein Arbeitsschutzmanagementsystem aufbauen:
   Wenn Sie selbst ein Arbeitsschutzmanagementsystem installieren wollen, sollten Sie zunächst überlegen, welches System zu Ihren betrieblichen Anforderungen am besten passt. Im Folgenden stellen wir Ihnen ganz kurz typische Managementsysteme vor, die in Deutschland eingesetzt werden und für welche Anwendungsbereiche diese zu empfehlen sind:

4.3.1 OHSAS 18001 (Occupational Health- and Safety Assessment Series)

Die OHSAS 18001 Arbeitsschutzmanagementsysteme - Spezifikation wurde von verschiedenen Organisationen als „private" Arbeitsschutzmanagementsystem-Norm verabschiedet und vom Britischen Normungsinstitut (BSI) veröffentlicht. Die Norm orientiert sich eng an der DIN EN ISO 9001 und der DIN EN ISO 14001 und ist heute international eine der wichtigsten Grundlagen für eine Beurteilung von Arbeitsschutzmanagementsystemen. Sie ist ein Zertifizierungssystem für den Arbeits- und Gesundheitsschutz, das von international tätigen Zertifizierungsgesellschaften entwickelt wurde. Das Sicherheits- und Gesundheitsmanagement nach OHSAS 18001 kann in vorhandene Managementsysteme nach ISO 14001 (Umweltmanagementsystem) oder ISO 9001 (Qualitätsmanagementsystem) integriert werden.

Das ISO-Projektkomitee (PC) 283 entwickelt zurzeit eine neue ISO-Norm (ISO 45001) „Arbeits- und Gesundheitsschutzmanagementsysteme - Anforderungen", die im Oktober 2016 veröffentlicht werden soll. Diese Norm wird nach dem Vorbild der ISO 9001 (Qualitätsmanagement) und der ISO 14001 (Umweltmanagement) erarbeitet, die derzeit selbst eine Revision erfahren und im Jahre 2015 veröffentlicht werden sollen.

- Diese Norm ist gut für die Organisation eines betriebsinternen Arbeitsschutz-Managementsystems zu nutzen.

4.3.2 Occupational Health- and Risk-Managementsystem (OHRIS)

Das Occupational Health- and Risk-Managementsystem (OHRIS) wurde von der Bayerischen Staatsregierung entwickelt und hat über die Landesgrenzen hinaus eine gewisse Bekanntheit erlangt, da es bereits 1998 – und damit als erstes der relevanten Arbeitsschutzmanagementsysteme – veröffentlicht wurde. OHRIS bezieht ausdrücklich auch die Anlagensicherheit mit ein.

- Auch diese Norm ist gut für die Organisation eines betriebsinternen Arbeitsschutz-Managementsystems zu nutzen. Wenn man jedoch bereits in seinem Betrieb ISO-Normen installiert, hat sollte man lieber die OHSAS 18001 wählen, da hier höhere Kompatibilität besteht.

4.3.3 SCC - Sicherheits Certifikat Contraktoren

Das SCC-Regelwerk beschreibt die Vorgehensweise, die bei der Zertifizierung von Kontraktoren nach SCC (Sicherheits Certifikat Contractors) anzuwenden ist. Es behandelt sowohl den eigentlichen Zertifizierungsprozess als auch die Anforderungen, die an alle daran Beteiligten gestellt werden.

In der deutschen Industrie werden Kontraktoren für technische Dienstleistungen und Personaldienstleister eingesetzt. Die Kontraktoren sind Unternehmer, die auf Grund eines Dienst- oder Werkvertrages für ihren Auftraggeber bestimmte technische Dienst- oder Werkleistungen erbringen. Personaldienstleister sind Unternehmen, die Personal anderen Unternehmen überlassen und dort Arbeiten gem. Arbeitnehmerüberlassungsgesetz (AÜG) ausführen (z. B. in Raffinerien, chemischen Werken o. ä.).

Durch ihr Firmenmanagement und durch das Verhalten ihrer Mitarbeiter wirken die Kontraktoren und das überlassene Personal wesentlich auf den Sicherheits-, Gesundheits- und Umweltschutz-(SGU)-Standard ihrer Auftraggeber und damit auch auf deren Qualitätsstandards ein. Aus diesem Grunde prüfen die Unternehmen der Industrie die SGU-Management-Systeme der Kontraktoren und Personaldienstleister. Personaldienstleister würden die Variante SCP (Sicherheitszertifikat Personaldienstleister) wählen.

- Diese Norm ist gut für die Organisation des Arbeitsschutzes eines Dienstleisters (ggf. also auch für eine freiberufliche Fachkraft für Arbeitssicherheit) zu nutzen. Als freiberufliche Fachkraft für Arbeitssicherheit sollten Sie sich jedoch besser Gedanken über eine Zertifizierung durch die Gesellschaft für Qualität im Arbeitsschutz mbH (GQA) machen. Die Träger der gesetzlichen Unfallversicherung und die staatlichen Aufsichtbehörden sind über den GQA-Fachbeirat in die Gestaltung der Prüfkriterien eingebunden. Bei einer positiven Prüfung weisen Sie nach, dass Sie die Anforderungen der Aufsichtsinstitute erfüllen. Sie finden die GQA unter der URL www.gqa.de.

4.3.4 MAAS-BGW

Arbeits- und Gesundheitsschutz lässt sich auch im Gesundheitswesen ideal mit betrieblichem Qualitätsmanagement verknüpfen. Die Managementanforderungen zum Arbeitsschutz der Berufsgenossenschaft Gesundheitsdienst und Wohlfahrtspflege (MAAS-BGW) bilden eine Grundlage für die Integration des Arbeitsschutzes in ein Qualitätsmanagement-System. Sie enthalten ausschließlich Anforderungen an das Management – Forderungen also, welche die Organisation des Arbeitsschutzes im Betrieb betreffen. Der Kriterienkatalog der Norm DIN EN ISO 9001 wird durch die Einbindung der MAAS-BGW erweitert.

Dieser Ansatz ist für Betriebe des Gesundheitswesens interessant, die bereits über ein Qualitätsmanagementsystem nach DIN EN ISO 9001 verfügen. Für Klein- und mittelständische Unternehmen KMU bieten die meisten Träger der gesetzlichen Unfallversicherung einfachere Arbeitsschutzmanagementsystem an, um den Betrieben den Einstieg in das Arbeitsschutzmanagement zu erleichtern. Andere Berufsgenossenschaften haben vergleichbare Arbeitsschutzmanagementsysteme geschaffen, z. B. AMS-Dienstleister der VBG oder AMA-Bau der BG Bau.

4.3.5 Betriebliches Gesundheitsmanagement (BGM)

Eine besondere Rolle im betrieblichen Gesundheitsschutz wird zukünftig das „Betriebliche Gesundheitsmanagement“ spielen. Auch als Fachkraft für Arbeitssicherheit werden Sie hier eine gewichtige Rolle spielen.

Betriebliches Gesundheitsmanagement zielt auf die Unternehmenskultur, auf Klima und Führung. Es zielt auf die Qualifizierung der Beschäftigten, ihr gesundheitsbewusstes Verhalten und insbesondere auch auf eine gesundheitsförderliche Arbeitsgestaltung. Einem vorzeitigen Verschleiß der Mitarbeiter auf allen Unternehmensebenen wird dadurch entgegen gewirkt. Das Betriebsergebnis wird gesteigert und der langfristige Unternehmenserfolg gesichert.

Spezifikation der Wahl wäre in diesem Fall die DIN SPEC 91020 „Betriebliches Gesundheitsmanagement“. Diese Spezifikation legt Anforderungen an ein betriebliches Gesundheitsmanagementsystem fest, die es einer Organisation ermöglichen, ihre betrieblichen Rahmenbedingungen, Strukturen und Prozesse so zu entwickeln und umzusetzen, dass das Arbeitssystem und die Organisation gesundheitsgerecht und leistungsfördernd gestaltet und die

Mitglieder der Organisation zum gesundheitsfördernden Verhalten befähigt werden.

Die Spezifikation geht über rechtliche Verpflichtungen zum Arbeits- und Gesundheitsschutz und Maßnahmen der betrieblichen Gesundheitsförderung hinaus und gibt der Leitung einer Organisation Anleitungen mit dem Ziel, in einem komplexen, anspruchsvollen und sich ständig ändernden Umfeld nachhaltigen Erfolg durch den Einsatz des Betrieblichen Gesundheitsmanagements zu erreichen.

- Die Einführung eines Betrieblichen Gesundheitsmanagementsystems ist eine langwierige, aber lohnende Aufgabe. Unbedingt erforderlich erscheint aber, dass es gelingt, die Leitung des Betriebes auf ein Leitbild, also unternehmensweit geltende Ziele im Arbeits- und Gesundheitsschutz zu verpflichten und bei allen Entscheidungen im Unternehmen das Ziel der Mitarbeitergesundheit zu berücksichtigen.

4.3.6 Risikomanagement

Das KonTraG ist ein umfangreiches Artikelgesetz, das am 1. Mai 1998 in Kraft trat. Es präzisierte die Vorschriften des Handelsgesetzbuchs (HGB) und des Aktiengesetzes (AktG). Ziel ist es, die Corporate Governance (gute und verantwortungsvolle Unternehmensführung) zu verbessern. Kern des KonTraG ist eine Vorschrift, die Unternehmen dazu zwingt, ein unternehmensweites Früherkennungssystem für Risiken einzuführen und zu betreiben.

Das hier zu wählende Risikomanagement nach ISO 31000 fokussiert nicht nur die strategischen Risiken (Produkte, Technologien, Märkte, Kunden und die Veränderungen der Umfeldfaktoren), es schließt auch alle nachgelagerten Risiken auf operationeller und prozessualer Führungsebene ein.

- Bei einem Risikomanagement nach ISO 31000 handelt es sich um eine Führungsaufgabe. Hier sollten Sie als Fachkraft für Arbeitssicherheit nur Zuarbeiten liefern.

4.3.7 Betriebssicherheitsmanagement

In einigen Unternehmen wird eine Vielzahl von Managementsystemen eingesetzt. Zum einen, um die unmittelbaren Kundenanforderungen (z. B. QM, OHSAS 18001) zu erfüllen und des Weiteren, um sich Wettbewerbsvorteile (ISO 50001) zu sichern. Auch wenn diese Managementsysteme vielfach gemeinsam auditiert werden können (ISO 19011), sind sie in der Praxis häufig parallele und nicht optimal verzahnte Systeme, die z. T. durch unterschiedliche Beauftragte gepflegt werden. Das Betriebssicherheitsmanagement (BSM) möchte genau diese Verzahnung zur Nutzung von Synergien und dem Lösen von möglichen Konflikten bzgl. Risikogruppen (Gefahrenkategorien, Zustände, Arbeitsmittel, Anlagen, Tätigkeiten, Verfahren etc., die zu einem unsicheren Zustand führen können, der die Produktion bzw. den Betriebsablauf stört oder sogar gänzlich unterbricht) im Unternehmen erreichen. Zum Aufbau eines Betriebssicherheitsmanagements empfiehlt sich die VDI Richtlinie 4055 „Betriebssicherheitsmanagement“. Durch den Betriebssicherheitsmanager gibt es nur einen Beauftragten, der das gesamte System überblickt. Er verantwortet gegenüber dem Unternehmer die Funktion des Systems und kann alleinig operativ oder je nach Unternehmensgröße administrativ koordinierend tätig sein.

- Je nach Unternehmensgröße, Art und Umfang des Betriebsprozesses, Standardfaktoren und dem damit verbundenen Rechtsrahmen wird die Umsetzung unterschiedlich sein. Es gibt also keine Standardlösung. Deshalb ist die Richtlinie VDI 4055 allgemein verfasst. Die Anpassung an die konkrete Situation muss von jedem Unternehmen selbst vollzogen werden.

4.4 Menschengerechte Arbeitsgestaltung

Maßnahmen des Arbeitsschutzes betreffen alle Umstände von Sicherheit und Gesundheit bei der Arbeit und schließen die menschengerechte Gestaltung der Arbeit ein (§ 2 ArbSchG). Ziel dieser Maßnahmen ist die Verbesserung der Arbeitsbedingungen und der Umstände von Sicherheit und Gesundheit bei der Arbeit.

§ 2 (1) ArbSchG

Maßnahmen des Arbeitsschutzes im Sinne dieses Gesetzes sind Maßnahmen zur Verhütung von Unfällen bei der Arbeit und arbeitsbedingten Gesundheitsgefahren einschließlich Maßnahmen der menschengerechten Gestaltung der Arbeit.

§ 4 ArbSchG

Die Arbeit ist so zu gestalten, daß eine Gefährdung für das Leben sowie die physische und die psychische Gesundheit möglichst vermieden und die verbleibende Gefährdung möglichst gering gehalten wird.

Arbeit ist dem Menschen gemäß zu gestalten – das heißt entsprechend seinen physischen, psychischen und sozialen Voraussetzungen. Zur Bedeutung der menschengerechten Arbeitsgestaltung empfehlen sich die umfangreichen Veröffentlichungen der deutschen Gesellschaft für Arbeitswissenschaft (GfA), die zu weiten Teilen als Internetpublikationen verfügbar sind.

Mit der DIN EN ISO Norm 26800 2011-11 „Ergonomie - Genereller Ansatz, Prinzipien und Konzepte" existiert eine umfassende Bezugsnorm, die die Menschzentrierung in den Mittelpunkt stellt. Alle anderen gestaltbaren Elemente eines Systems/Produkts/Dienstleistung sind an die betroffenen Menschen mit ihren Eigenschaften (individuellen Leistungsvoraussetzungen) anzupassen. Dieses Grundprinzip wird durch drei Aspekte ausgefüllt: Die Beachtung der Mannigfaltigkeit und Unterschiedlichkeit sowie die Vermeidung von Diskriminierung.

- Aufgaben sind dem Menschen angemessen zu gestalten – das erfordert die umfassende Berücksichtigung der Beschaffenheit des Menschen, der Aufgabe und deren Auswirkungen auf den Menschen bei der Arbeitsgestaltung,
- die Beachtung der physischen, organisationsbezogenen, sozialen, kulturellen Faktoren und sowie rechtlichen Umgebungen,
- Damit werden umfassend die Arbeitsbedingungen angesprochen, die es unter Beachtung der gesicherten arbeitswissenschaftlichen Erkenntnisse und des Stands von Technik, Arbeitsmedizin und Hygiene zu gestalten gilt (siehe § 4 ArbSchG).

Ziele der menschengerechte Arbeitsgestaltung sind:

- die Bewahrung der körperlichen und geistig-seelischen Gesundheit und der Erhalt der gesundheitlichen Ressourcen,
- der Erhalt der Arbeits- und Beschäftigungsfähigkeit über das gesamte Erwerbsleben durch alterns- und altersgerechte Arbeitsgestaltung,
- die Vermeidung von physischen und psychischen Fehlbeanspruchungen,
- die Beachtung individueller Leistungsvoraussetzungen und -einschränkungen, der speziellen Bedürfnisse aufgrund von Handicaps oder bei Rückkehr nach Krankheit usw.,
- den Leistungsvoraussetzungen angemessene Arbeitsaufgaben- und Arbeitsorganisationsgestaltung, die lern- und persönlichkeitsförderlich sind,
- zumutbare Arbeitsaufgaben und Arbeitsbedingungen mit einem angemessenen Tätigkeitspielraum unter der Ausschöpfung aller Möglichkei-

ten zu Erhalt und Wohlbefinden bei gesellschaftlich akzeptierten, aber kritischen Arbeitsbedingungen wie z. B. in der Abfallwirtschaft, Kanalunterhaltung,

- die angemessene Gestaltung des sozialen Arbeitsumfeldes.

Das Arbeitssicherheitsgesetz weist den Sifas explizit die Unterstützungsaufgabe auf diesem Gebiet zu (§ 6 ASiG).

In der Praxis zeigt sich jedoch (Quelle: Sifa-Langzeitstudie, Hamacher et al 2013):

1. Die Mehrzahl der Fachkräfte für Arbeitssicherheit befassen sich nicht oder eher randständig mit der menschengerechten Arbeitsgestaltung.
2. Sie sind mit ihren Bemühungen auf diesem Feld im Durchschnitt auch nur wenig wirksam/erfolgreich.
3. Mit dem Teilaspekt der physischen Leistungsvoraussetzungen und der entsprechenden Arbeitsgestaltung befassen sich zwar die Fachkräfte eher ziemlich intensiv, sie sind aber auch hier nur mittelmäßig wirksam.
4. Psychische Belastungen, Gesundheitsförderung, Verbesserung der Arbeitsbedingungen für Behinderte und Ältere, Stressreduktion, Bemühungen zur Vereinbarkeit von Arbeit und Familie werden nur wenig intensiv bearbeitet. Eine Wirksamkeit der Sifas in diesem Aufgabenfeld ist derzeit eher kaum erkennbar.

Hier, bei der menschengerechten Arbeitsgestaltung, besteht ein erhebliches Potenzial für die Prävention. Ein echtes Zukunftsfeld für angehende Sifas! Das in 2016 in Kraft tretende Präventionsgesetzt (PrävG) trägt diesem Umstand Rechnung und nennt sowohl Sifas als auch Betriebsärzte im SGB V expressis verbis als Ansprechpartner und Informationsquellen für Krankenkassen zur Erarbeitung und Umsetzung präventiver Maßnahmen zur Erhaltung der Gesundheit.

Vielfach konnte mittlerweile auch empirisch gezeigt werden, dass die Befassung mit der menschengerechten Arbeitsgestaltung und die hier erzielte Wirksamkeit in direktem Zusammenhang mit dem Nutzen für den Betrieb steht. Und das in Bereichen wie beispielsweise dem Sachwertschutz, der Wirtschaftlichkeit eines Betriebes, dem betrieblichen Image, dem Umweltschutz, der Qualität von Produkten und Dienstleistungen und auch im Bereich der Verkehrssicherheit:

- Fachkräfte, die auf dem Gebiet der menschengerechten Arbeitsgestaltung deutlich erkennbar wirksam sind, erzeugen auch hohe Nutzeffekte für den Betrieb auf den o. g. Gebieten.
- Der betriebliche Nutzen einer Sifa lässt sich durch Erhöhung der Wirksamkeit auf dem Feld der menschengerechten Arbeitsgestaltung steigern.
- Der Erfolg einer Sifa im Bereich der menschengerechten Arbeitsgestaltung lässt sich insbesondere durch intensiveres Tätigwerden im Bereich der betrieblichen Gesundheitsförderung und den Bemühungen, den Folgen des demografischen Wandels (z. B. alters- und alternsgerechte Arbeitsgestaltung) gerecht zu werden, steigern.
- Höchster Nutzen für den Betrieb entsteht, wenn Fachkräfte überdurchschnittliche Leistungen erzielen. Dieser Befund gilt insbesondere für die erreichten Ergebnisse im Bereich der Arbeitsschutzorganisation, der Arbeitsschutzkultur und auf dem Feld der menschengerechten Arbeitsgestaltung.

5 Gemeinsam Verantwortung tragen: Gremienarbeit und Zusammenarbeit mit anderen Beauftragten

Quantität und Qualität der Kooperation mit betrieblichen und überbetrieblichen Partnern haben großen Einfluss auf das erfolgreiche Handeln und die Wirksamkeit von Sifas. Erfolgreiche Sifas pflegen betrieblich und überbetrieblich mit vielen Partnern Kooperationsbeziehungen und beide Seiten bewerten ihre Kooperation erfolgreich. Dies verlangt von der Sifa eine entsprechende Haltung und einen kooperativen Arbeitsstil. Diese Arbeitsweise ist gekennzeichnet durch eine Klärung der eigenen Ziele mit der Leitung des Betriebs, Führungskräften und Beschäftigten, der Vermittlung zwischen verschiedenen Interessengruppen, einem konstruktiven Umgang mit Konflikten und einer hohen Anerkennung und Akzeptanz bei Führungskräften und Beschäftigten. Dies erfordert eine positive Haltung gegenüber Konflikten und einen Umgang miteinander, der lösungsorientiert ist. Die Wertschätzung verschiedener Interessenlagen und ihre faire Berücksichtigung im Umgang miteinander sind wie die Pflege einer offenen Kommunikationskultur dabei wichtige Kompetenzen, die ständig weiterentwickelt werden müssen.

5.1 Zusammenarbeit mit Führungskräften

Im Kapitel 2 haben wir Ihnen bereits erklärt, dass gemäß mehreren Urteilen eine Stabstellenposition für die Sifa erforderlich ist. Auch haben wir dargelegt, dass der Zugang zu den Führungskräften und der Betriebsleitung entscheidend ist, um Ihre Beratung in der betrieblichen Wirklichkeit umzusetzen.

Kommunikation und Kooperation sind die Grundvoraussetzung dafür, dass der Arbeitgeber seinen Aufgaben aus § 3 ASiG gerecht werden kann und die Fachkraft für Arbeitssicherheit ihren Aufgaben aus § 6 des Arbeitssicherheitsgesetzes!

Mit gelungener Kooperation und Kommunikation kann den wesentlichen Problemen, beispielsweise der getrennten Fachkompetenz und der Ausführungs- und Entscheidungskompetenz, erfolgreich entgegengewirkt werden. Führungskräfte und Entscheidungsträger müssen das Wissen des Fachkundigen anlassbezogen abfordern können. Das gelingt in Unternehmen dann gut, wenn eine ständige Kommunikation zwischen Sifa und Betriebsleitung ein dauerndes aktives Einbringen der Fachkunde und damit eine permanente Hinwirkung auf die Umsetzung der erforderlichen Maßnahmen ermöglicht. Die Sifa-Langzeitstudie bestätigt: Die erfolgreiche Kooperation ist ein qualitätsbestimmendes Merkmal für die Tätigkeit und Wirksamkeit von Fachkräften für Arbeitssicherheit! Besonderen Einfluss auf die Wirksamkeit der Fachkräfte haben demnach Kooperation mit den Führungskräften, der Betriebsleitung, den Sicherheits- und weiteren Beauftragten im Unternehmen und den Betriebs- und Personalräten.

Die Qualität der Zusammenarbeit mit den betrieblichen Führungskräften hat einen hohen Einfluss auf die Wirksamkeit Ihrer Tätigkeit. Die Führungskräfte sind an Stelle des Unternehmers verantwortlich für die Arbeitssicherheit der ihnen anvertrauten Mitarbeiter (Führungspflicht), sie haben auch die Verantwortung für die Verkehrssicherungspflicht gegenüber Dritten. Führungskräfte haben hierbei auch eine Auswahl-, Organisations- und Überwachungspflicht und gelten rechtlich als „Garanten". Deshalb haben Sie gem. § 6 Arbeitssicherheitsgesetz (ASiG) nicht nur die Aufgabe, sowohl den Arbeitgeber beim Arbeitsschutz und bei der Unfallverhütung in allen Fragen der Arbeitssicherheit einschließlich der menschengerechten Gestaltung der Arbeit zu unterstützen, sondern insbesondere auch die sonst für den Arbeitsschutz und die Unfallverhütung verantwortlichen Personen zu beraten. Letztere sind die Führungskräfte. Sie bedürfen also einer besonders aufmerksamen Beratung durch Sie als Fachkraft für Arbeitssicherheit.

Der Anhang 3 der DGUV Vorschrift 2 listet zu den Aufgabenfeldern der Grundbetreuung nach Anlage 2 Abschnitt 2 unverbindlich mögliche Aufgaben von Betriebsarzt und Fachkraft für Arbeitssicherheit auf, die im Rahmen der gesetzlich vorgeschriebenen Aufgaben nach §§ 3 und 6 Arbeitssicherheitsgesetz anfallen können. Hier finden Sie in Feld 4 die Aufgabe „Unterstützung bei der Schaffung einer geeigneten Organisation und Integration in die Führungstätigkeit". Eine gute Zusammenarbeit mit den Führungskräften zählt zu Ihren Grundaufgaben.

Tipp für die Praxis:
Gleich zu Beginn Ihrer Tätigkeit sollten Sie einen Antrittsbesuch bei den Führungskräften Ihres Betriebes vereinbaren. Stellen Sie sich und Ihre Tätigkeit vor. Erklären Sie insbesondere, dass Sie beratend tätig sind und kein verlängerter Arm irgendwelcher Aufsichtsbehörden. Versuchen Sie in diesem Gespräch den Aufgaben- und Verantwortungsbereich der Führungskraft zu erfragen, damit Sie ihn zielgerichtet beraten können. Machen Sie klar, dass Sie „Lösungssucher" sind und kein „Problemsucher" oder „Arbeitsbehinderer".

5.2 Zusammenarbeit mit dem Betriebsarzt

Die Gefahren und die daraus für die Beschäftigten resultierenden Gefährdungen bei der Arbeit sind vielfältig und die Arbeitsbedingungen unterliegen einem stetigen Wandel. Neben sich ändernden Rahmenbedingungen für wirtschaftliches Arbeiten (Stichwort Globalisierung) unterliegt auch das Arbeitsschutzrecht einer kontinuierlichen Veränderung: Die Vorgabe von „Schutzzielen" durch die Europäische Union hat dazu geführt, dass Gesetze und Verordnungen heute oft weniger präzise Angaben als früher enthalten. Einstmals genaue Vorgaben, beispielsweise zu Raumgrößen und Raumtemperaturen, wurden durch unbestimmte Rechtsbegriffe wie „ausreichend" und „angemessen“ ersetzt. Gleichzeitig werden Verantwortlichkeiten und Kontrollfunktionen in die Hand des Arbeitgebers gegeben, bzw. diesem ein größerer Gestaltungs- und Entscheidungsspielraum eingeräumt (Stichwort: Deregulierung).

Aufgabe der Fachkraft für Arbeitssicherheit und des Betriebsarztes ist, den Arbeitgeber fundiert zu beraten. Diese qualifizierte Beratung erscheint heute umso notwendiger, als eben jene unbestimmten Rechtsbegriffe einer Auslegung durch Fachleute bedürfen.

Arbeitgeber sind nach den Vorgaben des Arbeitssicherheitsgesetzes (ASiG) verpflichtet, sich in Fragen des Arbeitsschutzes durch Fachkräfte für Arbeitssicherheit und Betriebsärzte beraten zu lassen. Der Gesetzgeber hat dabei bewusst beiden Professionen eine tragende Rolle als Berater zugewiesen, da sich deren Wissen um die Verhütung von Arbeitsunfällen und Berufskrankheiten sowie zur menschengerechten Arbeitsgestaltung ideal ergänzt. .

Die Zusammenarbeit des Betriebsarztes und der Fachkraft für Arbeitssicherheit ist rechtlich unter anderem im § 10 ASiG geregelt:

§ 10 ASiG

„Die Betriebsärzte und die Fachkräfte für Arbeitssicherheit haben bei der Erfüllung ihrer Aufgaben zusammenzuarbeiten. Dazu gehört es insbesondere, gemeinsame Betriebsbegehungen vorzunehmen. Die Betriebsärzte und die Fachkräfte für Arbeitssicherheit arbeiten bei der Erfüllung ihrer Aufgaben mit den anderen im Betrieb für Angelegenheiten der technischen Sicherheit, des Gesundheits- und des Umweltschutzes beauftragten Personen zusammen.“

Neben den genannten „gemeinsamen Betriebsbegehungen“ sind Betriebsärzte und Fachkräfte für Arbeitssicherheit in Betrieben mit mehr als 20 Beschäftigten auch Mitglieder im Arbeitsschutzausschuss (ASA), der die Aufgabe hat, Anliegen des Arbeitsschutzes und der Unfallverhütung zu beraten. Der Arbeitsschutzausschuss ist eine Kommunikationsplattform, in der betriebliche Entscheider und Arbeitsschutz-Experten sich austauschen. Als „Experten“ kommt den Betriebsärzten und den Fachkräften für Arbeitssicherheit eine wichtige Rolle im ASA zu.

5.2.1 Rahmenbedingungen in der betrieblichen Praxis

Die Zuständigkeit für den Arbeitsschutz im Unternehmen liegt beim Arbeitgeber. Dieser ist gesetzlich verpflichtet, sich von Fachkräften für Arbeitssicherheit und Betriebsärzten beraten zu lassen. Bei welchen konkreten Fragestellungen er die Beratungsleistung der Fachkraft für Arbeitssicherheit und des Betriebsarztes in Anspruch nimmt oder bei welcher Aufgaben, z. B. der Gefährdungsbeurteilung, er sich von den Experten unterstützen lässt, entscheidet er alleine. Die Experten sind nur für den Inhalt und die Qualität ihrer Beratungsleistung verantwortlich. Sie entlasten den Arbeitgeber nicht von seinen Pflichten.

Wegen der in der DGUV Vorschrift 2 des jeweiligen Unfallversicherungsträgers unterschiedlichen geforderten Einsatzzeiten der Fachkräfte für Arbeitssicherheit und der Betriebsärzte kommt in der Praxis jedoch auch den Fachkräften für Arbeitssicherheit (mit den vermeintlich höheren Einsatzzeiten) häufig die Funktion zu, die Beteiligung eines Betriebsarztes erst zu initiieren. Trotzdem arbeiten der Betriebsarzt wie die Fachkraft für Arbeitssicherheit gleichwertig als Berater des Arbeitgebers!

5.2.2 Erfolgsfaktor Zusammenarbeit

Fachkräfte für Arbeitssicherheit und Betriebsärzte sind gleichwertige Berater des Arbeitgebers in allen Angelegenheiten des Arbeits- und Gesundheitsschutzes. Sie sind im Bereich ihrer Fachkunde weisungsfrei, d. h. ihre Beratung ist lediglich ihrem eigenen Wissen und Gewissen unterworfen. Eine enge Zusammenarbeit dieser Experten bietet große Vorteile und Chancen.

Hierbei bietet insbesondere ein koordiniertes gemeinsames Vorgehen bei der Verbesserung des Arbeitsschutzes auch wirtschaftliches Potential für die Unternehmen, denn die Berücksichtigung des Fachwissens beider Professionen bei der Beurteilung der Arbeitsbedingungen und der Auswahl von Arbeitsschutzmaßnahmen führt in der Regel zu effektiven Lösungen. Unnötige „doppelte" Beratungen durch beide Experten können so vermieden werden. Damit besteht auch die Chance, das Verständnis für Maßnahmen des Arbeits- und Gesundheitsschutzes auf der betrieblichen Ebene zu verbessern, da diese Maßnahmen als koordinierte und schlüssige Einheit wahrgenommen werden.

Nach den Vorschriften des § 5 der DGUV Vorschrift 2 muss der Arbeitgeber die bestellten Fachkräfte für Arbeitssicherheit und die Betriebsärzte verpflichten, regelmäßig über ihre Tätigkeit Bericht zu erstatten. Die Berichte sollen auch über die Zusammenarbeit beider Auskunft geben, eine gute Gelegenheit, dem Arbeitgeber die Wichtigkeit und Richtigkeit von Maßnahmen des Arbeits- und Gesundheitsschutzes zu belegen; eine Chance, die leider noch viel zu selten genutzt wird.

5.2.3 Gemeinsame Begehungen

Regelmäßige Begehungen durch den Betriebsarzt und die Fachkraft für Arbeitssicherheit sind ein wesentliches Instrument, um Gefährdungen und arbeitsbedingte Gesundheitsgefahren im betrieblichen Alltag rechtzeitig zu erkennen und zu vermindern. Die Begehungen dienen in erster Linie dazu, sich „an Ort und Stelle“ ein umfassendes Bild von den tatsächlichen Arbeitsbedingungen zu machen. Nur so können Arbeitgeber und die Beschäftigten praxisgerecht und fundiert beraten werden.

Begehungen durch Fachkraft für Arbeitssicherheit und Betriebsarzt sind quasi als „Gefährdungsbeurteilung durch Experten vor Ort“ ein wesentliches Element zur Verbesserung des betrieblichen Arbeits- und Gesundheitsschutzes.

5.2.4 Vorgehen bei gemeinsamen Betriebsbegehungen mit dem Betriebsarzt

Um alle Vorteile und Chancen einer Betriebsbegehung nutzen zu können, sollten Begehungen schon gemeinschaftlich vorbereitet und gemeinsam durchgeführt werden.

Ein Vorabstudium des gemeldeten Unfallgeschehens und der evtl. vorhandenen Verdachtsanzeigen auf Berufskrankheiten im zu begehenden Bereich bzw. Hinweise auf beruflich bedingte Erkrankungen können Betriebsärzten und Fachkräften für Arbeitssicherheit dabei helfen, schon im Vorfeld einer Begehung Gefahrenschwerpunkte zu erkennen. Die medizinische Bewertung der Unfälle durch den Betriebsarzt stellt zusammen mit der durch die Fachkraft für Arbeitssicherheit durchgeführten Unfallursachenforschung ein hervorragendes Instrument dar, derartige Unfälle in Zukunft vermeiden zu helfen.

Da bei einer Begehung stets auch die für den Arbeitsschutz verantwortlichen Personen, also in erster Linie Führungskräfte wie Meister oder Abteilungsleiter, sowie Betriebs- bzw. Personalrat und Sicherheitsbeauftragte des Unternehmens teilnehmen müssen, können durch eine gut vorbereitete gemeinsame Begehung auch Personalkapazitäten und damit Kosten im Betrieb eingespart werden, da gut vorbereitete Begehungen deutlich weniger Zeit in Anspruch nehmen als weniger gründlich vorbereitete Begehungen oder gar zwei getrennte Begehungen durch Fachkraft für Arbeitssicherheit und Betriebsarzt.

Durch die Teilnahme an Begehungen kommt der Betriebsarzt auch seiner Aufgabe nach, Beschäftigte während der Arbeitszeit zu beraten und zu betreuen. Da für die Durchführung von arbeitsmedizinischer Vorsorge stets auch die Kenntnis der Arbeitsplätze der zu beratenden Beschäftigten erforderlich ist, erwirbt der Betriebsarzt durch die regelmäßige Teilnahme an den Begehungen auch das hierfür notwendige Hintergrundwissen.

Damit der betriebliche Arbeits- und Gesundheitsschutz innerhalb des Betriebes als funktionierende Einheit wahrgenommen wird, ist es sicherlich sinnvoll, gerade bei einem gemeinsamen Auftreten beider Experten Einigkeit und gegenseitige Wertschätzung zu demonstrieren.

Daher bieten sich gerade auch gut vorbereitete gemeinsame Begehungen an, um die Kompetenz und die Leistungsfähigkeit beider Professionen in den unterschiedlichsten Einsatzfeldern vor Ort zu demonstrieren.

5.2.5 Zusammenarbeit bei der Gefährdungsbeurteilung

Um Gefährdungen zu verringern, muss man ihre Ursachen kennen. Nur so können Gefahren für die Beschäftigten vermieden werden. Dem trägt der Gesetzgeber unter anderem dadurch Rechnung, dass er im Arbeitsschutzgesetz vom Arbeitgeber die Beurteilung der Arbeitsbedingungen fordert (§ 5 ArbSchG). Der Arbeitgeber muss die Gefährdungen für seine Beschäftigten beurteilen und auf Grundlage der Beurteilung dieser Gefährdungen die erforderlichen Schutzmaßnahmen ermitteln und natürlich auch umsetzen.

Das Instrument der Gefährdungsbeurteilung – als Entscheidungsgrundlage für die notwendigen Arbeitsschutzmaßnahmen – ist neben dem Arbeitsschutzgesetz unter anderem auch in der Betriebssicherheitsverordnung, der Biostoffverordnung und in der Mutterschutzverordnung verankert. Die Ergebnisse der Gefährdungsbeurteilung, die daraus abgeleiteten Maßnahmen und das Ergebnis der Überprüfung ihrer Wirksamkeit sind stets zu dokumentieren.

Alle zur Vermeidung von Gefährdungen notwendigen Maßnahmen sind stets anhand der Gefährdungsbeurteilung zu begründen. Der Gefährdungsbeurteilung kommt damit die Schlüsselrolle im präventiven Arbeits- und Gesundheitsschutz zu.

Bei der Durchführung der Gefährdungsbeurteilung stehen dem Arbeitgeber die Fachkraft für Arbeitssicherheit und Betriebsarzt beratend zur Seite. Allerdings delegiert der Arbeitgeber die Durchführung und die Dokumentation der Gefährdungsbeurteilung häufig an die zuständige Fachkraft für Arbeitssicherheit und/oder an den Betriebsarzt, da diese nicht nur über die hierfür notwendige Fachkunde, sondern auch über detaillierte Kenntnisse der speziellen betrieblichen Gefährdungen verfügen.

Die Verantwortung für die sachgemäße Durchführung der Gefährdungsbeurteilung sowie für die Umsetzung der ermittelten Schutzmaßnahmen bleibt jedoch beim Arbeitgeber oder den von ihm für den Arbeitsschutz beauftragten Personen. Die im Rahmen ihrer Fachkunde weisungsfrei arbeitenden Betriebsärzte und auch die Fachkräfte für Arbeitssicherheit dürfen diese Verantwortung nicht übernehmen, denn sie sind ausschließlich beratend tätig.

Fachkräfte für Arbeitssicherheit sind Spezialisten für betriebliche Gefährdungen und die daraus resultierenden Folgen. Als alleinige Berater in allen Fragen des Arbeits- und Gesundheitsschutzes sind sie jedoch nicht ausgebildet, das heißt sie sind nicht zu allen Gefährdungen der optimale Berater des Arbeitgebers und der Beschäftigten.

Bei medizinisch-physiologisch begründeten Gesundheitsgefährdungen nebst notwendigen Schutzmaßnahmen sowie bei psychologischen Fragestellungen sind Betriebsärzte in der Regel die kompetenteren Berater des Arbeitgebers.

Ein gemeinsames Vorgehen bei der Gefährdungsermittlung und koordinierte Auswahl der Schutzmaßnahmen nach einer gemeinsamen Beurteilung der zu erwartenden Gefährdungen können folgenreiche Fehleinschätzungen reduzieren und damit das Schutzniveau im Betrieb erhöhen. So werden beispielsweise von vielen Fachkräften für Arbeitssicherheit die Gefährdungen durch biologische Arbeitsstoffe unterschätzt; durch rechtzeitige Kommunikation gelingt die Gefährdungsbeurteilung hier zielgenau.

5.2.6 Zusammenarbeit gemäß Anlage 2 der DGUV Vorschrift 2

Die DGUV Vorschrift 2 sollte zur Steigerung der Betreuungsqualität die Zusammenarbeit von Fachkräften für Arbeitssicherheit und Betriebsärzten verbessern. Leider finden sich jedoch in der eigentlichen Vorschrift keine konkreten Hinweise darauf, wie die Zusammenarbeit konkret ausgestaltet werden sollte. In Betrieben mit mehr als 10 Beschäftigten, bei denen die Betreuung aus Grundbetreuung und einem betriebsspezifischen Teil der Betreuung besteht, ist eine Betreuung durch beide Professionen jedoch erforderlich. In diesem Betreuungsmodell hat der Arbeitgeber die Aufgaben der Betriebsärzte und Fachkräfte für Arbeitssicherheit entsprechend den betrieblichen Erfordernissen unter Mitwirkung der betrieblichen Interessenvertretung zu ermitteln, aufzuteilen und mit ihnen schriftlich zu vereinbaren. Dabei hat er sich durch Betriebsarzt und Fachkraft für Arbeitssicherheit bei der Festlegung der Grundbetreuung und des betriebsspezifischen Teils der Betreuung beraten zu lassen.

Die Grundbetreuung weist drei Betreuungsgruppen auf, für die jeweils feste Einsatzzeiten als Summenwerte für Betriebsarzt und Fachkraft für Arbeitssicherheit gelten. Die Betriebe sind über ihre jeweilige Betriebsart den Betreuungsgruppen gemäß Abschnitt 4 der DGUV Vorschrift 2 zugeordnet.

Bei der Aufteilung der Zeiten auf Betriebsärzte und Fachkräfte für Arbeitssicherheit ist ein Mindestanteil von 20 % der Grundbetreuung, jedoch nicht weniger als 0,2 Std./Jahr pro Beschäftigtem, für jeden Leistungserbringer anzusetzen.

Die Beschäftigten sind über die Art der praktizierten betriebsärztlichen und sicherheitstechnischen Betreuung zu informieren und darüber in Kenntnis zu setzen, welcher Betriebsarzt und welche Fachkraft für Arbeitssicherheit anzusprechen ist. Für die Einsatzzeiten ist es wichtig zu wissen, dass arbeitsmedizinische Vorsorgen nicht auf die Einsatzzeiten der Grundbetreuung anzurechnen sind, sondern als Bestandteil des betriebsspezifischen Teils der Betreuung zu werten sind.

Zur Verbesserung der Beratung insgesamt erscheint es sinnvoll, dass gerade im Rahmen der Grundbetreuung die Einsatzzeiten des Leistungserbringers mit dem kleineren Zeitanteil zur Zusammenarbeit genutzt wird, zum Beispiel im Rahmen gemeinsamer Begehungen, gemeinsamer Teilnahme an Ausschusssitzungen oder bei der Erarbeitung der Gefährdungsbeurteilung.

5.2.7 Berichte über die Zusammenarbeit

Der Unternehmer (Arbeitgeber) muss die bestellten Fachkräfte für Arbeitssicherheit und Betriebsärzte nach den Vorschriften des § 5 DGUV Vorschrift 2 verpflichten, regelmäßig über ihre Tätigkeit Bericht zu erstatten. Diese Berichte sollen auch über die Zusammenarbeit beider Auskunft geben. Die Berichterstattung bietet den Arbeitsschutzexperten die Möglichkeit, dem Unternehmer regelmäßig die Vorteile einer koordinierten Zusammenarbeit beider Arbeitsschutzexperten vor Augen zu führen. Diese Chance sollte auch genutzt werden.

Durch einen gemeinsam erstellten Bericht, der dem Arbeitgeber zeigt,

- wo im Berichtszeitraum die Schwerpunkte im Arbeits- und Gesundheitsschutz lagen,
- in welchen Bereichen und Aufgabenfeldern eine Zusammenarbeit stattgefunden hat,
- welche Aufgabenverteilung im konkreten Fall zu Erfolgen geführt hat und
- mit welchen anderen Experten in konkreten Fällen zusammengearbeitet wurde,

erhält der Arbeitgeber nicht nur Informationen über den Stand der Arbeitssicherheit im Betrieb, sondern wird auch in die Lage versetzt, die sonst häufig nur als Kostenfaktor wahrgenommene Betreuung durch Fachkräfte für Arbeitssicherheit und Betriebsärzte als Mehrwert zu begreifen.

Arbeitgeber erwarten von der Beratung durch Betriebsärzte und Fachkräfte für Arbeitssicherheit in erster Linie eine Reduktion der Ausfallzeiten der Mitarbeiter sowie Rechtssicherheit.

Hier sollte der Bericht einhaken und den Arbeitgeber auch über erfolgreich verbesserte Arbeitsbedingungen oder umgesetzte Schutzmaßnahmen und die auf Grund geänderter Vorschriftenlage erfolgten Änderungen im Arbeits- und Gesundheitsschutz informieren. Derartige Berichte tragen so zu einem besseren Verständnis des Arbeitgebers für Maßnahmen des Arbeitsschutzes und damit letztendlich auch zu einer kontinuierlichen Verbesserung desselben bei.

5.3 Zusammenarbeit mit dem Betriebsrat/Personalrat

Die Betriebsräte (bzw. Personalräte) sind für die Fachkraft für Arbeitssicherheit ein immens wichtiger Ansprechpartner im betrieblichen Arbeitsschutz.

Schon vor Ihrer Bestellung waren sie eingebunden. Die Betriebsärzte und Fachkräfte für Arbeitssicherheit sind nämlich mit Zustimmung des Betriebsrats zu bestellen und abzuberufen. Das gleiche gilt, wenn deren Aufgaben erweitert oder eingeschränkt werden sollen. Vor der Verpflichtung oder Entpflichtung eines freiberuflich tätigen Arztes, einer freiberuflich tätigen Fachkraft für Arbeitssicherheit oder eines überbetrieblichen Dienstes ist der Betriebsrat zu hören.

Grundsätzlich ist die Entscheidung über die Art der sicherheitstechnischen Betreuung (interne oder externe Fachkraft bzw. überbetrieblicher Dienst) mitbestimmungspflichtig, aber die Auswahl eines bestimmten Dienstes oder freiberuflichen Fachkraft für Arbeitssicherheit nicht. Hierbei hat der Betriebsrat nur ein Anhörungsrecht. D. h., haben sich Arbeitgeber und Betriebsrat über den Anschluss an einen überbetrieblichen Dienst geeinigt, obliegt es dann dem Arbeitgeber, diesen Dienst auszuwählen.

Aber auch in vielen weiteren Fällen empfiehlt es sich, eine gute Beziehung zum Betriebsrat aufzubauen. Der Betriebsrat kann nämlich im Arbeitsschutz mitbestimmen, „soweit eine gesetzliche oder tarifliche Regelung nicht besteht“ (BetrVG § 87 (1) Satz 1) und der Arbeitgeber Gestaltungsspielräume hat.

Schon in § 9 *„Zusammenarbeit mit dem Betriebsrat“* des Arbeitssicherheitsgesetzes (ASiG) wird festgelegt, wie die Fachkraft für Arbeitssicherheit mit dem Betriebsrat zusammenarbeiten soll: „Die Fachkräfte für Arbeitssicherheit haben den Betriebsrat über wichtige Angelegenheiten des Arbeitsschutzes und der Unfallverhütung zu unterrichten; sie haben ihm den Inhalt eines Vorschlags mitzuteilen, den sie nach § 8 Abs. 3 ASiG dem Arbeitgeber machen. Sie haben den Betriebsrat auf sein Verlangen in Angelegenheiten des Arbeitsschutzes und der Unfallverhütung zu beraten“. Eine gleichzeitige Tätigkeit als Fachkraft für Arbeitssicherheit und Betriebsrat schließt sich eigentlich aus. Sie würden allzu häufig in einen Interessenkonflikt geraten.

Direkt zu Beginn Ihrer Betreuung sollten Sie den Kontakt zum Betriebsrat suchen. Fragen Sie ihn nach seinen Vorstellungen und Wünschen. Teilen Sie ihm auch ihre Ziele mit. Mit einem starken Betriebsrat im Rücken können Sie im Arbeitsschutz sehr viel erreichen, gegen einen starken Betriebsrat werden Sie im Arbeitsschutz gar nichts erreichen.

Achten Sie aber auch darauf, dass Sie sich nicht instrumentalisieren lassen. Sie haben eine neutrale beratende Rolle.

5.4 Zusammenarbeit mit Sicherheitsbeauftragten

Die Erfahrung zeigt, dass es sich speziell im Arbeitsschutz generell bewährt hat, die Mitarbeiter zu beteiligen. Eine Schlüsselrolle bei der Beteiligung der Mitarbeiter bei der Gestaltung von Sicherheit und Gesundheit spielen die Sicherheitsbeauftragten. Auch der Gesetzgeber und die Unfallversicherungsträger sehen in den Sicherheitsbeauftragten die Akteure, die in den Unternehmen die Maßnahmen des Präventionsauftrags unterstützen und die in die Organisation des Arbeitsschutzes aktiv einzubinden sind. Die Sicherheitsbeauftragten kennen die Stärken und Schwächen der Kollegen, mit denen sie täglich zusammenarbeiten, und die Arbeitsverhältnisse vor Ort. Zur sozialen Kompetenz gehört es, diese Kenntnisse bei verschiedensten Anlässen engagiert zum Wohle Ihrer Kollegen einzubringen. Die Sicherheitsbeauftragten sprechen die „Sprache" der Mitarbeiter, sie verfügen idealerweise über Fingerspitzengefühl im Umgang mit ihren Gesprächspartnern, und sie müssen von diesen anerkannt sein. Sie sind das Bindeglied zwischen dem Managementsystem und den Mitarbeitern in den Fragen von Sicherheit und

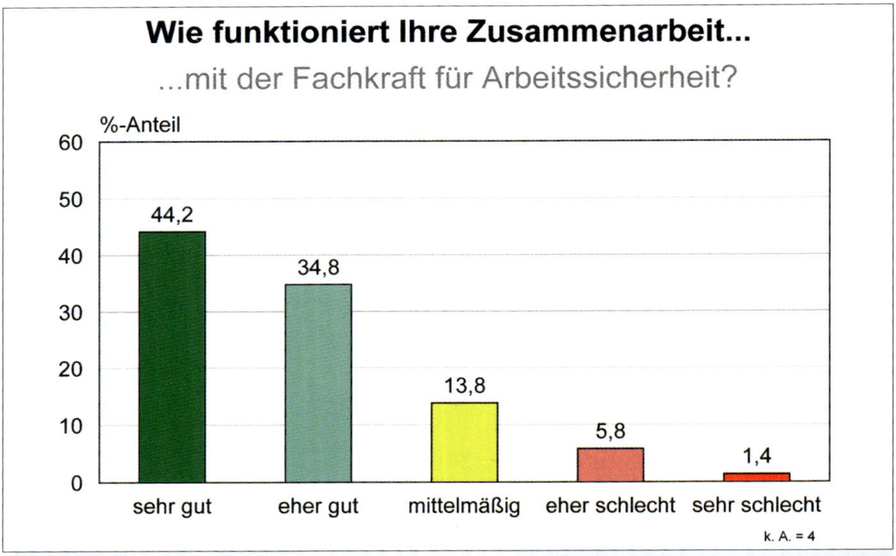

■ In einer Studie 2012 wurden die Sicherheitsbeauftragten gefragt, wie gut ihre Zusammenarbeit mit der Fachkraft für Arbeitssicherheit funktioniert. Auf den ersten Blick ist das Ergebnis nicht schlecht, aber es ist noch durchaus Luft nach oben vorhanden (n=1446, „Rollenbild und Tätigkeitsspektrum von Sicherheitsbeauftragten"; Siegmann, 2012).

Gesundheit und füllen die Forderung nach Mitarbeiterbeteiligung mit Leben. Diese Aufgabenbeschreibung wird in der betrieblichen Wirklichkeit hauptsächlich kleiner und mittlerer Unternehmen jedoch leider nicht überall 1:1 umgesetzt. Der Sicherheitsbeauftragte wird zwar häufig formal bestellt bzw. bestimmt, besitzt allerdings nicht immer die notwendige fachspezifische Aus- und/oder Fortbildung und ist auch häufig nicht so in die Arbeitsschutzorganisation des Betriebes eingebunden, dass er erfolgreich und effizient im Sinne des Arbeitsschutzes wirken könnte. In anderen Betrieben – häufig in größeren Betrieben - besitzen Sicherheitsbeauftragte als Ansprechpartner für ihre Kollegen im Betrieb Fachkenntnisse im Arbeitsschutz und setzen diese engagiert und tatkräftig zum Wohl aller Beschäftigten um. Die Sicherheitsbeauftragten sind Ansprechpartner für die Fachkräfte für Arbeitssicherheit und Betriebsärzte. Eine gute Zusammenarbeit mit den Sicherheitsbeauftragten sollte ein hohes Ziel Ihrer Tätigkeit sein. Sehr häufig erfahren die Sicherheitsbeauftragten in den Betrieben aber eine zu geringe Wertschätzung. Eine Ihrer Aufgaben wird es sein, den Sicherheitsbeauftragten diese Wertschätzung entgegen zu bringen und auch den Führungskräften klarzumachen, dass sie ihre Sicherheitsbeauftragten wertschätzen sollen.

Praxistipp:
Pflegen Sie einen guten und wertschätzenden Kontakt zu den Sicherheitsbeauftragten Ihres Betriebes. Sie können sie in ihrer Arbeit ganz hervorragend unterstützen.

Die DGUV Vorschrift 1 „Grundsätze der Prävention" hatte neue Wege bei der Bestimmung der Anzahl der Sicherheitsbeauftragten beschritten. Ziel der Regelung ist es, durch eine geeignete Auswahl und eine geeignete Anzahl von Sicherheitsbeauftragten eine möglichst hohe Wirkung im Arbeitsschutz zu erzielen.

Die fünf verbindlichen Kriterien zur Bestimmung der Anzahl der Sicherheitsbeauftragten sind in der DGUV-Regel 100-001 näher erläutert:

- Räumliche Nähe der Sicherheitsbeauftragten zu den Beschäftigten,
- zeitliche Nähe der Sicherheitsbeauftragten zu den Beschäftigten,
- fachliche Nähe der Sicherheitsbeauftragten zu den Beschäftigten,
- Unfall- und Gesundheitsgefahren im Unternehmen,
- Zahl der Beschäftigten.

Im Regelfall erfolgen die Festlegungen der benötigten Anzahl an Sicherheitsbeauftragten im Unternehmen nach einer Diskussion im Arbeitsschutzausschuss (ASA), weil damit alle betrieblichen Akteure des Arbeitsschutzes eingebunden sind. Dort kann die Regelung der DGUV Vorschrift 1 z. B. in folgenden fünf Schritten besprochen werden (nach Kuntzemann, 2015):

- Schritt 1: Lagepläne, Betriebsstruktur (Organigramm) und Beschäftigtenzahlen der Arbeitsbereiche bereitstellen
- Schritt 2: Anhand der Lagepläne und Organisationsstruktur sinnvolle Tätigkeitsbereiche für Sicherheitsbeauftragte festlegen
- Schritt 3: Anhand des Schichtsystems festlegen, wie viele Sicherheitsbeauftragte in den festgelegten Tätigkeitsbereichen tätig werden sollen
- Schritt 4 (Vergleich Ist/Soll): Vergleicht man die Anzahl der bisher im Betrieb vorhandenen Sicherheitsbeauftragten mit der neu ermittelten Anzahl und der Verteilung der Sicherheitsbeauftragten, wird der Handlungsbedarf des Betriebes ersichtlich.
- Schritt 5: Bei Bedarf notwendige Maßnahmen einleiten. Sollte die Ermittlung zu einem Mehrbedarf geführt haben, ist die Bestellung zusätzlicher Sicherheitsbeauftragter zu organisieren. Ergibt die Ermittlung, dass weniger Sicherheitsbeauftragte als bisher erforderlich sind, ist zu entscheiden, ob die höhere Anzahl Sicherheitsbeauftragter mittel- oder langfristig beibehalten wird.

Einige Unfallversicherungsträger haben auf ihren Internetseiten weitere Hilfestellungen oder Leitfäden zur Ermittlung der Anzahl der Sicherheitsbeauftragten bereitgestellt. Besonders mit Hilfe dieser Leitfäden und der dort meist abgebildeten Praxisbeispiele dürfte die Umsetzung der neuen Regelungen erfolgreich und wenig zeitintensiv möglich sein.

Praxishilfe:
In Kapitel 10.8 finden Sie Vorlagen für eine Bestellung der Sicherheitsbeauftragten.

5.5 Mitarbeit im Arbeitsschutzausschuss (ASA)

Die gesetzliche Regelung zur Bildung eines Arbeitsschutzausschusses ist in § 11 des Gesetzes über „Betriebsärzte, Sicherheitsingenieure und andere

Fachkräfte für Arbeitssicherheit“ (Arbeitssicherheitsgesetz – ASIG) verankert. Der Arbeitsschutzausschuss hat die Aufgabe, Anliegen des Arbeitsschutzes und der Unfallverhütung zu beraten. Dabei tritt der Arbeitsschutzausschuss mindestens einmal vierteljährlich zusammen. Die Verpflichtung zur Einsetzung des ASA besteht für Betriebe mit mehr als 20 Beschäftigten.

Durch die Einrichtung eines Arbeitsschutzausschusses soll erreicht werden, dass die Zusammenarbeit der im Betrieb mit dem Arbeits- und Gesundheitsschutz befassten Stellen organisiert und institutionalisiert wird. Im Arbeitsschutzausschuss versammeln sich die Arbeitsschutzfachleute des Betriebs zum Informationsaustausch und zur Zusammenarbeit. Die Verantwortlichen im Betrieb werden damit in allen Fragen von Gesundheitsschutz und Sicherheit unterstützt. Hier wird bewertet, beraten und es werden Entscheidungen vorbereitet bzw. getroffen. Hier können Planungen, Maßnahmen und Schritte im Einzelnen koordiniert werden.

Als informelles Gremium kann der Arbeitsschutzausschuss zwar keine verbindlichen Entscheidungen treffen. Allerdings bietet er viele Möglichkeiten, Ideen und Vorschläge einzubringen. Der ASA ist ein Kommunikationsforum, auf dem sich unterschiedliche Funktionsträger eines Unternehmens zu betrieblichen Herausforderungen austauschen. Wie auch in anderen Kommunikationsforen, z. B. Meetings, Jour Fixes, Qualitätszirkel, Betriebsratsbesprechungen, steigt die Effektivität mit der Offenheit der Auseinandersetzung.

Gerade auch im Bereich von KMU arbeiten im Arbeitsschutzausschuss Fachkräfte für Arbeitssicherheit und Betriebsärzte gut zusammen (siehe Abbildung).

Die Leitung des Arbeitsschutzausschusses übernimmt der Arbeitgeber. Eine Tagesordnung erleichtert die Zusammenarbeit und bietet Gewähr für eine ergebnisorientierte Sitzung. Um geeignete Themen für die erste ASA-Sitzung zu finden, können betriebliche Arbeitsschutz-Probleme während der Betriebsbegehung (z. B. Schadensfälle) gezielt im ASA besprochen werden. Ein Vortrag über neue Erkenntnisse, z. B. beim Umgang mit Gefahrstoffen oder die neue Betriebssicherheitsverordnung, sind Themen, an denen sich alle Arbeitsschutzakteure beteiligen können.

Lassen Sie sich die von den Sitzungen angefertigten Protokolle zur Freigabe vorlegen. Ansonsten laufen Sie Gefahr, dass Sie falsch verstanden wurden und dies in den Protokollen falsch dokumentiert wird. Oder Sie schreiben das ASA-Protokoll gleich selbst; dann können Sie unklare Aspekte noch einmal deutlich darstellen.

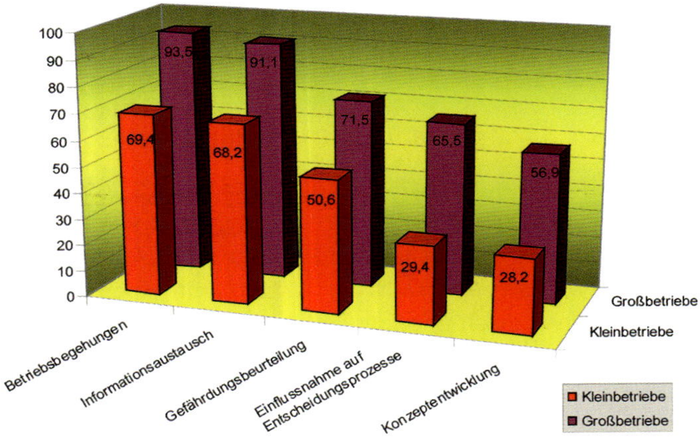

	Betriebsbegehungen	Informations-austausch	Gefährdungs-beurteilung	Einflussnahme auf Entscheidungs-prozesse	Konzeptentwicklung
Kleinbetriebe	69,4	68,2	50,6	29,4	28,2
Großbetriebe	93,5	91,1	71,5	65,5	56,9

Kooperation zwischen Fachkräften für Arbeitssicherheit und Betriebsärzten. Gerade der Informationsaustausch und die Konzeptentwicklung finden in KMU in den ASA-Sitzungen statt (Mehrfachnennung möglich; Tätigkeitsspektrum und Rollenverständnis von Betriebsärzten in Deutschland, BAuA, 2003)

Die Berufsgenossenschaft Holz und Metall bietet Ihnen als Arbeitshilfe für Ihre ersten ASA-Sitzungen sogenannte ASA-Briefe (Anregungen für den Arbeitsschutzausschuss) an. Sie können diese ASA-Briefe von der Homepage der Berufsgenossenschaft Holz und Metall kostenlos als PDF Dateien herunterladen.

Die Sitzungen des Arbeitsschutzausschusses sind für sie sehr wichtige Termine. Bemühen Sie sich unbedingt, diese Termine wahrzunehmen. Der ASA ist der Ort einer Diskussionsrunde, um gemeinsam Lösungen zu finden. Der ASA soll helfen, vernünftige Maßnahmen im Arbeitsschutz zu treffen.

Praxishilfe:
In der Anlage finden Sie:

- **eine Mustergeschäftsordnung für den ASA**
- **ein Musterprotokoll einer ASA-Sitzung**

6 Die Schulbank drücken: Weiter- und Fortbildung

Die Ausbildung zur Fachkraft für Arbeitssicherheit ist abgeschlossen, die Fachkunde erfolgreich erworben und damit auch das entsprechende Fachwissen. Doch Sicherheit und Gesundheitsschutz entwickeln sich permanent weiter. Daher ist es besonders wichtig, sich ständig auf dem aktuellen Stand zu halten. Nichts ist für einen beratenden Dienstleister verheerender, als mit nicht aktuellen Informationen zu arbeiten.

Auch wenn es keine spezielle gesetzliche Verpflichtung dafür gibt, ist es Aufgabe jeder einzelnen Fachkraft für Arbeitssicherheit, sich im erforderlichen Umfang fortzubilden. Die Gesellschaft für Qualität im Arbeitsschutz – GQA – setzt hierfür bei einer in Vollzeit tätigen Fachkraft für Arbeitssicherheit drei Wochen innerhalb von drei Jahren an. Zur besseren Übersicht vergibt der Verband für Sicherheit, Gesundheit und Umweltschutz bei der Arbeit e. V. –

VDSI – für bestimmte anerkannte Fortbildungsveranstaltungen VDSI-Punkte. Und ab 6 VDSI-Punkten im Jahr gibt es den entsprechenden Weiterbildungsnachweis.

Fortbildungen müssen auf jeden Fall in den Themenfeldern erfolgen, in denen Sie tätig sind und den oder die Unternehmer beraten oder beraten wollen. Hierzu zählen neben den fachlichen Themen aber auch durchaus didaktische und methodische.

Anbieter von entsprechenden Fortbildungsveranstaltungen sind neben den Berufsgenossenschaften und der DGUV auch regionale Arbeitskreise, VDSI, VDRI, VDGAB und gemeinsame Vereine, die in der Regel kostenlose Veranstaltungen auch für Fachkräfte für Arbeitssicherheit anbieten. Daneben gibt es kommerzielle Anbieter, die entsprechende Seminargebühren erheben. Hierzu zählen neben den technischen Überwachungsinstitutionen wie beispielsweise TÜV und Dekra auch Verlage, die Publikationen wie Sammelwerke und Loseblattsammlungen/Ergänzungssoftware anbieten. Über die aktuellen Anbieter sei Ihnen empfohlen, sich regelmäßig im Internet zu informieren. Aufgrund der in diesem Sektor zum Teil sehr schnellen Veränderungen macht es keinen Sinn, hier auch nur beispielhaft Anbieter zu nennen.

Sich alleine auf den Besuch von Seminaren oder Schulungen zu verlassen, reicht nicht aus, um sich auf dem neuesten Stand zu halten. Gerade die größeren Vereine und Verbände planen ihre Veranstaltungen zum Teil mehr als ein Jahr im Voraus. Daher müssen die Themen nicht zwingend wirklich aktuell sein. Es ist daher unerlässlich, sich auch in Zeitschriften oder entsprechenden Internetportalen tagesaktuell zu informieren. Auch hier soll auf die Nennung einzelner Zeitschriften oder Internetportale verzichtet werden, da sich diese immer wieder einmal ändern. Hier ist jede Fachkraft für Arbeitssicherheit aufgefordert, sich selbst im Internet zu informieren und die für ihren Bedarf erforderlichen Informationsträger zu sichern. Wie bei den Seminaren auch gibt es hier kostenfreie und kostenpflichtige Angebote. Jeder muss für sich prüfen, welches Angebot passt und daher sinnvoll ist und welches nicht.

Hinzu kommen Ergänzungslieferungen von Printmedien oder Software diverser Anbieter, die mehr oder weniger tagesaktuell sind. Ohne die permanente Nutzung solcher Informationsquellen ist eine sicherheitstechnische Betreuung als Fachkraft für Arbeitssicherheit gar nicht möglich.

Im Übrigen ist auch der Austausch mit Kollegen als Weiterbildung immer wieder gut. Auf den Veranstaltungen von VDSI und anderen Verbänden finden Sie schnell entsprechende Kontakte. Es empfiehlt sich, im Laufe der Zeit ein eigenes Netzwerk aufzubauen. Und: Dumme Fragen gibt es nicht, nur dumme Antworten. Also lieber einmal mehr fragen, als einmal zu wenig.

Adressen von Fachkräften für Arbeitssicherheit findet man im Internet an mehreren Stellen. Die GQA – Gesellschaft für Qualität im Arbeitsschutz e. V. – listet auf ihrer Homepage gütegeprüfte Dienstleister auf. Im Datenjahrbuch erscheinen ebenfalls jährlich aktualisierte Listen.

Sifas benötigen ein umfassendes Kompetenzprofil, um entsprechend ihrer Rolle die ihnen zugewiesenen komplexen Aufgaben in den spezifischen betrieblichen Handlungssituationen zu bewältigen. Solche Kompetenzen erwerben Fachkräfte auf vielfältige, sich gegenseitig ergänzende Weise – insbesondere im Rahmen ihrer Berufsbildung und sonstigen formalen Bildungsaktivitäten, im Lehrgang zur sicherheitstechnischen Fachkunde, „on the job" im Rahmen des betriebspraktischen Tätigwerdens, im Rahmen von formalen Fortbildungsveranstaltungen, über informelles Lernen im Betrieb und in Netzwerken.

Sowohl die Sifas selbst als auch ihre betrieblichen Kooperationspartner sehen alle vier Kompetenzbereiche (Fach-, Methoden-, Sozial- oder Persönlichkeitskompetenzen) als bedeutsam für ihr Handeln im betrieblichen Alltag an.

Fast alle Sifas nennen in der Sifa-Langzeitstudie die Fachkompetenz als wichtig, aber nur drei Viertel die Methodenkompetenz. Ihre betrieblichen Kooperationspartner bewerten hingegen all vier Kompetenzfelder als gleichrangig wichtig für die Fachkräfte.

Die Sifa-Langzeitstudie zeigt also, dass Fachkompetenz alleine nicht ausreicht. Fachkräfte, die sich bewusst sind, dass die Sozial- und die Persönlichkeitskompetenzen wichtig sind für ihr Alltagshandeln, schätzen sich als wirksamer bei der Gefährdungsreduktion ein. Vergleichbares lässt sich auch für andere Tätigkeits- und Wirksamkeitsfelder zeigen. Persönlichkeitskompetenz als Selbstreflexionsfähigkeit über die eigenen Kompetenzen ist offensichtlich ein wesentlicher Erfolgsfaktor für die Wirksamkeit von Fachkräften für Arbeitssicherheit. Eine intensiv tätige und effektive Fachkraft für Arbeitssicherheit verfügt über ein vollständiges Kompetenzprofil und ist sich dessen auch bewusst.

7 Netzwerken: Mitgliedschaft in Fachgesellschaften

7.1 Fachgesellschaften und Verbände

Fachgesellschaften sind solche Vereinigungen, in denen sich Kollegen zusammengefunden haben, um gleiche Interessen gemeinsam zu vertreten und ihre Aktivitäten zu bündeln. Unter dem Motto „Gemeinsam sind wir stark" kann so mehr erreicht werden als jeder Einzelne es vermag. Die bekannteste Fachgesellschaft für Sicherheitsingenieure und andere Fachkräfte für Arbeitssicherheit ist der VDSI – Verband für Sicherheit, Gesundheit und Umweltschutz bei der Arbeit e. V. mit derzeit ca. 5500 Mitgliedern (Stand 01.08.2015), der auch im Rahmen von Normensetzungen und Gesetzesvorhaben als „*beteiligte Kreise*" gehört wird. Aber auch zum Beispiel der BFSI – Bundesverband freiberuflicher Sicherheitsingenieure und überbetriebliche Dienste e. V. – engagiert sich stark für seine Vereinsmitglieder.

Gerade neu ausgebildet und am Anfang der Tätigkeit stellt sich die Fachkraft für Arbeitssicherheit sicherlich die Frage, warum sie Mitglied in einer Fachgesellschaft werden sollte. Nun, die Antworten sind recht umfangreich und durchaus auch einfach. Über die Netzwerke der Fachgesellschaften kann man hervorragend ganz aktuelle Informationen oder auch Antworten zu besonderen Fragestellungen bekommen. Keiner weiß alles und mit der soeben abgeschlossenen Ausbildung als Fachkraft für Arbeitssicherheit verhält es sich ähnlich wie mit dem Führerschein: Man muss erst einmal fahren lernen. Dazu bieten sich die Fachgesellschaften in ganz hervorragender Art und Weise an. Denn hier kann man auf das geballte Wissen vieler Kollegen zugreifen. Auf den Versammlungen und Informationsveranstaltungen findet ein reger Erfahrungsaustausch statt, von dem alle profitieren.

Über solch eine Fachgesellschaft kann einer neuen Fachkraft für Arbeitssicherheit auch gerne eine erfahrene Fachkraft für Arbeitssicherheit als Pate zur Seite gestellt werden. Dies ist gerade für neu startende freiberuflich tätige Kollegen äußerst sinnvoll.

Ohne „*Networking*" geht in dieser Zeit so gut wie gar nichts. Das gilt insbesondere für Fachkräfte für Arbeitssicherheit, da die Anforderungen aus den Unternehmen immer vielfältiger und komplexer werden. Die Fachgesellschaften bieten hier ein entsprechendes Netzwerk an, um schnell auf zuverlässige Informationen zugreifen zu können.

Viele Fachkräfte für Arbeitssicherheit wollen sich auch gerne für die Fortentwicklung von Sicherheit und Gesundheitsschutz persönlich engagieren. Das kann in den Gremien von Berufsgenossenschaften oder der DGUV geschehen, aber genauso gut auch bei Vorhaben der Bundesregierung oder der Länder. Auch im Rahmen der gemeinsamen deutschen Arbeitsschutzstrategie – GDA – sind die Fachgesellschaften als Kooperationspartner tätig. Es bieten sich in den Fachgesellschaften für den Einzelnen also sehr viele Möglichkeiten, sich zu engagieren, um vielleicht auch seine eigenen Vorstellungen durchzusetzen.

7.2 Online Communities

Im digitalen Zeitalter findet man natürlich auch im Netz der Netze hilfreiche Communitys. Eine kleine Auswahl wollen wir Ihnen an dieser Stelle kurz vorstellen:

7.2.1 SifaPage

Die SifaPage gibt es seit Sommer 2003. Im Laufe der Zeit kamen noch ein Chat, das SifaWiki, eine Stellenbörse und weiteres hinzu. Mittlerweile diskutieren hier mehrere Tausend Arbeitsschützer über ein breites Spektrum an Themen. In 2008 wurde es dann offiziell in eine GbR überführt, um dem Portal Sifapage.de eine gewisse Stabilität zu geben und auf zukünftige Entwicklungen besser reagieren zu können.

Es sollte beachtet werden, dass die Verantwortung für Anzeigeninhalte, Bilder, Profile oder anderer Beiträge allein bei den Autoren liegt. Es gibt auch keine fachliche Kontrolle der einzelnen Beiträge.

Man erreicht die SifaPage über folgende Internet-Adresse:
http://sifaboard.de.

7.2.2 Sifa-Community

Im Rahmen der Sifa-Langzeitstudie (www.sifa-langzeitstudie.de) hat das Medienzentrum der TU Dresden in Kooperation mit der Professur für Bildungstechnologie die Kommunikations- und Informationsplattform *Sifa-Community* konzipiert und umgesetzt. Bereits im Dezember 2005 ging diese unter der Adresse www.sifa-community.de online und verzeichnet eine stetig steigende Mitgliederzahl. Mit aktuell knapp 5.000 Mitgliedern hat sich die Sifa-Community zu einem der größten deutschen Online-Netzwerke für Fachkräfte für Arbeitssicherheit entwickelt.

Durch exklusiv angebotene Informationen und geeignete Kanäle zur Kommunikation mit anderen Sifas haben die Communitymitglieder die Möglichkeit, berufsbezogene Informationen abzurufen und über berufsbezogene Fragen und Probleme mit räumlich entfernten Arbeitskollegen zu diskutieren. Dadurch wird eine Effizienzsteigerung der Tätigkeit der beteiligten Fachkräfte für Arbeitssicherheit möglich, indem mittels eines Wissensaustauschs im Arbeitsalltag auftretende Probleme schneller gelöst und zudem das eigene Wissen durch informelle Lernaktivitäten vermehrt werden können. Insbesondere die Möglichkeiten von gemeinsamer Arbeit an einem Problem und Kooperation motivieren zur aktiven Teilnahme an der Community.

Mitglieder der Sifa-Community profitieren von einer Menge an Vorteilen:

- Schneller und unbürokratischer Informationsaustausch
- Diskussionsforen mit Experten und Kollegen

- Vernetzung: Online-Netzwerk von Sifas
- Fachbeiträge von Experten aus Praxis und Forschung zu aktuellen Themen des Arbeits- und Gesundheitsschutzes
- Regelmäßige Newsletters mit aktuellen Fachinformationen
- Informelle, ergänzende Kompetenzentwicklung
- Einrichtung individueller Benutzerprofile
- Umfangreiche Such- und Recherchefunktionen

Sie können sich kostenlos bei der Community anmelden unter www.sifa-community.de/

7.2.3 KomNet NRW

Mit dem KomNet hat Nordrhein-Westfalen (NRW) gemeinsam mit vielen Partnern aus Wirtschaft, Wissenschaft und Behörden eine „Wissens- und Service-Community“ geschaffen, in der Fachwissen und Erfahrung von einer Vielzahl an Spezialisten aus unterschiedlichen Fachdisziplinen, Regionen und Branchen für jedermann verfügbar sind. Die hohe Beratungs- und Antwortqualität wird durch die umfassende KomNet-Qualitätssicherung erreicht. Diese fängt bereits bei der Auswahl der Experten an, die spezielle Qualitätskriterien erfüllen müssen. So können Kernkompetenzen genutzt und gemeinsam auch schwierige Fragen gelöst werden.

KomNet hat aktuell ca. 8.500 Kunden (= Fragesteller). Um die Beantwortung der eingehenden Fragen (2010 ca. 2.800) kümmern sich ca. 350 Experten aus ca. 100 öffentlichen und privaten Organisationen aus dem ganzen Bundesgebiet (Schwerpunkt NRW). Die knapp über 6.000 öffentlich zugänglichen Dialoge werden jährlich über 1 Mio. Mal aufgerufen (2008 ca. 1,5 Mio. Dialogabrufe).

Die Recherche in der KomNet-Wissensdatenbank – unabhängig vom gewählten Themenfeld bzw. Anwendungsbereich (z. B. „Allgemein“, „Moderne Arbeit“ oder „Reach“) – ist ganz einfach: Der Nutzer kann Stichworte eingeben oder über eine Themenauswahl suchen. Der Wissensbestand wird kontinuierlich gepflegt und ausgebaut. Antworten und Lösungen, die sich bewährt haben, sind für alle KomNet-Nutzer abrufbar.

Wenn der Nutzer in der Wissensdatenbank keine passende Antwort findet, können eigene Fragen ganz einfach an den KomNet-Expertenverbund gestellt werden.

Der KomNet-Komfort: Über einen persönlichen KomNet-Zugang können die Nutzer sich jederzeit über den Bearbeitungsstatus ihrer Anfragen informieren. In einem persönlichen Archiv werden zudem alle Antworten und Lösungen für den Nutzer bereitgehalten.

Die Zusammenarbeit verschiedener Experten von Behörden, Beratungsunternehmen und Universitäten garantiert eine hohe Beratungsqualität und Wissensbreite.

Zu erreichen ist KomNet NRW unter der Internet-Adresse:
www.komnet.nrw.de.

7.3 Weitere Vernetzungen

Fachkräfte für Arbeitssicherheit werden überregional auch an der Bergischen Universität Wuppertal im Studiengang Sicherheitstechnik ausgebildet. Andere Hochschulen, beispielsweise die Fachhochschule Furtwangen oder die in Bochum beheimatete TFH Georg Agricola bieten vergleichbare Studiengänge an.

Häufig wurden von den Fachbereichen Alumni-Vereine gegründet, die es sich zum Ziel gesetzt haben, die im Studium geknüpften Kontakte der Studierenden untereinander und auch den Kontakt zur Hochschule aufrecht zu erhalten. Organisierte Alumni-Veranstaltungen sind wiederum eine hervorragende Möglichkeit zum Meinungs- und Informationsaustausch.

Daneben werden von den Hochschulen in der Regel auch Fortbildungsveranstaltungen, Seminare und Kolloquien zu aktuellen Themen angeboten. Ein Blick auf die Internetseiten einer regional günstig gelegenen Hochschule fördert in der Regel vielfältige interessante Veranstaltungen zu Tage, die in der Regel auch den geeigneten Rahmen für fruchtbare Diskussionen im Kollegenkreis bieten.

8 Mit einem Bein im Gefängnis: Verantwortung und Haftung

8.1 Verantwortung und Haftung des Arbeitgebers

Mit jeder Form der Arbeit sind auch Gefährdungen für die Beschäftigten verbunden. Als im Jahre 1900 das Bürgerliche Gesetzbuch (BGB) in Kraft trat, wurden im § 618 die Hauptpflichten des Arbeitgebers (hier mit dem schönen Begriff des Dienstberechtigten bezeichnet) im Arbeitsschutz festgeschrieben:

§ 618 BGB

„Der Dienstberechtigte hat Räume, Vorrichtungen oder Gerätschaften, die er zur Verrichtung der Dienste zu beschaffen hat, so einzurichten und zu unterhalten und Dienstleistungen, die unter seiner Anordnung oder seiner Leitung vorzunehmen sind, so zu regeln, dass der Verpflichtete gegen Gefahr für Leben und Gesundheit soweit geschützt ist, als die Natur der Dienstleistung es gestattet.

Verkürzt kann man zusammenfassen, dass den Arbeitgeber auf dieser gesetzlichen Grundlage zwei Pflichten treffen, die, für eine sichere Arbeitsumgebung zu sorgen und die, Regeln aufzustellen, die ein sicheres Arbeiten ermöglichen.

Diese beiden Pflichten sind heute unter den Begriffen „Verkehrssicherungspflicht" und „Organisationspflicht" geläufig.

Der Arbeitgeber, der mit seinem Betrieb eine Gefahrenquelle schafft oder unterhält, hat die Pflicht, die notwendigen und zumutbaren Vorkehrungen zu treffen, um Schäden anderer zu verhindern und muss betriebliche Abläufe so festlegen, dass für seine Beschäftigten keine Gefährdungen entstehen. Unterlässt es der Arbeitgeber, seiner Pflicht nachzukommen, kann er nach den Bestimmungen des § 823 BGB zum Schadenersatz verpflichtet werden. Zivilrechtlich verantwortlich dafür, dass die Beschäftigten bestmöglich vor Gefährdungen geschützt werden ist also der Arbeitgeber. Gleichbedeutend ist der Begriff des Unternehmers, der im Berufsgenossenschaftlichen Regelwerk verwendet wird.

Auch das Arbeitsschutzgesetz sieht den Arbeitgeber in der Pflicht, alle erforderlichen Maßnahmen des Arbeitsschutzes unter Berücksichtigung der Umstände zu treffen, die Sicherheit und Gesundheit der Beschäftigten bei der Arbeit beeinflussen. Seine Verantwortung kann er jedoch an zuverlässige und fachkundige Personen delegieren.

Arbeitgeber im Sinne der hier aufgeführten Vorschriften sind ausschließlich Personen aus „Fleisch und Blut", d. h. in jedem Unternehmen muss es unabhängig von seiner Rechtsform mindestens eine Person geben, die die Verantwortung im Arbeitsschutz trägt. In Einzelunternehmen ist dies zunächst der Inhaber, in Gesellschaften der (ein) Geschäftsführer bzw. der (ein) Vorstand.

8.1.1 Delegation der Verantwortung

Da in größeren Betrieben kaum ein Arbeitgeber in der Lage sein wird, die Gegebenheiten in allen Abteilungen des Unternehmens zu kennen, ist dort in der Regel eine Delegation der Verantwortung vom Arbeitgeber auf Führungskräfte notwendig. Diese übernehmen dann für den Arbeitgeber die Verantwortung. Die Verantwortung der Führungskräfte reicht so weit, wie ihnen Weisungs- und Organisationsbefugnisse durch den Arbeitgeber übertragen sind. Diese Übertragung von Unternehmerpflichten setzt eine entsprechende Qualifikation voraus; der Arbeitgeber hat dabei die Personen sorgfältig auszuwählen. Sie müssen zuverlässig und fachkundig sein. Eine derartige Pflichtenübertragung entbindet den Arbeitgeber nicht vollständig von seinen Pflichten im Arbeitsschutz, er muss laufend prüfen, ob seine Führungskräfte der Verantwortung nachkommen. Arbeitgeber und Führungskräfte haben im Arbeits- und Gesundheitsschutz alle Aufgaben des Arbeits- und Gesundheitsschutzes in Ihrem Aufgabenbereich zu erfüllen, angefangen bei der Gestaltung bis hin zur Kontrolle. Sie sind Garanten für die Sicherheit ihrer Beschäftigten.

Da die Organisation des Arbeits- und Gesundheitsschutzes jedoch ein sehr komplexes Aufgabenfeld ist, sind Arbeitgeber und Führungskräfte, deren Kernkompetenzen in der Regel nicht in diesem Bereich liegen, auf die Beratung durch Fachleute, die Fachkräfte für Arbeitssicherheit angewiesen. Das Haftungsrisiko wiederum ist seit der Einführung der Gesetzlichen Unfallversicherung für den Unternehmer überschaubar geworden.

8.1.2 Garantenstellung, Haftung und Schuld

Eine rechtswidrige Handlung wird in der Regel das aktive Tun (Handeln) einer Person sein. Aber auch das „Nicht-Tun", das Unterlassen einer gebotenen Handlung kann rechtswidrig sein, wenn eine Rechtsverpflichtung zum Tätigwerden (z. B. zur Unfallverhütung) besteht. In diesem Fall spricht man von einer Garantenstellung. Eine sogenannte Garantenstellung wird durch eine strafrechtliche und/oder zivilrechtliche Pflicht zu Handeln begründet. Eine derartige Verpflichtung zum Tätigwerden kann sich aus Gesetzen, Verträgen, oder einem besonderen Vertrauensverhältnis ergeben. Eine allgemeine oder moralische Verpflichtung zum Tätigwerden reicht zur Begründung einer Garantenstellung allein nicht aus.

Zusätzlich ist jeder, der durch das Schaffen einer Gefahr („einem vorausgegangenem gefährdenden Tun") immer Garant dafür, dass durch sein Handeln niemand zu Schaden kommt.

Aus der zivilrechtlichen Verkehrssicherungspflicht ergibt sich für den Arbeitgeber die Pflicht zur Abwehr von Gefahrenquellen. Unterlässt er dies, kann eine Leistungspflicht (Schuld) die Folge sein. zum Beispiel in Form von Schadenersatzansprüchen (Haftung). Eine Person, die zivilrechtlich die Pflicht zur Abwehr von Gefahrenquellen hat, wird (zivilrechtlich) zum Garanten.

Auch das Strafrecht kennt den Begriff des Garanten, hier ist ein Garant ebenfalls eine Person, die die Pflicht hat, dafür einzustehen, dass ein tatbestandlicher Erfolg nicht eintritt. Im Strafrecht wird unter dem Begriff „Schuld" jedoch etwas anderes als im Zivilrecht verstanden. Schuld bedeutet hier, dass jemanden sein Verhalten vorgeworfen werden kann, da das Verhalten vorsätzlich oder fahrlässig war. In der Regel setzt Schuld ein aktives Handeln („Tun“) voraus. In bestimmten Fällen kann aber wie oben dargelegt auch das Unterlassen eine Schuld begründen und zwar immer dann, wenn eine Pflicht zum Handeln bestanden hat und das Unterlassen kausal für das Schadensereignis war.

Im Arbeitsschutz trifft den Arbeitgeber regelmäßig die Pflicht zu handeln. Er darf unsichere Betriebsweisen nicht dulden, kann also strafrechtlich bei vorsätzlichem oder fahrlässigem „nicht Handeln“ schuldig werden und muss sich ggf. für sein Verhalten (strafrechtlich) vor Gericht verantworten. Auch zivilrechtlich sind Arbeitgeber und Vorgesetzte Garanten für die Sicherheit der Beschäftigten und haften.

Fachkräfte für Arbeitssicherheit und Betriebsärzte haben in ihrer unterstützenden Funktion keine Garantenstellung, da die Pflicht, Unfälle zu verhindern, dem Unternehmer bzw. dem betrieblichen Vorgesetzten obliegt, es sei denn, sie haben im Unternehmen Vorgesetztenfunktion und damit Weisungsbefugnis. Sicherheitsbeauftragte haben in ihrer Funktion ebenfalls keine Garantenstellung.

8.1.3 Rolle der gesetzlichen Unfallversicherung

Das Betreiben einer Arbeitsstätte bzw. das Beschäftigen von Mitarbeitern gehört in unserer Gesellschaft zu den sozial nützlichen, erwünschten Dingen. Wer Personen beschäftigt, tut nichts Unrechtes, obwohl er weiß, dass mit der Beschäftigung auch Gefährdungen verbunden sind.

Prinzipiell haftet der Arbeitgeber finanziell bei Arbeitsunfällen, so er sie durch Tun oder Unterlassen verschuldet hat. Durch die Pflicht, Beschäftige bei der zuständigen gesetzlichen Unfallversicherung zu versichern, ist jedoch eine finanzielle Haftung für Arbeitsunfälle durch den Arbeitgeber selbst heute nur in Ausnahmen anzutreffen (Beispielsweise, bei sogenannter „Schwarzarbeit“). Die (zivilrechtliche) Haftung für Schäden bei der Arbeit (versicherte Tätigkeit) wird seit Bestehen der Versicherungspflicht durch einen Dritten, die Gesetzliche Unfallversicherung (i. d. R. Berufsgenossenschaft) übernommen. Dabei werden sämtliche im Zusammenhang mit der versicherten Tätigkeit entstandenen Schäden (Arbeits- und Wegeunfälle sowie Berufskrankheiten) entschädigt, die Zahlung von Schmerzensgeld ist jedoch nicht vorgesehen.

Der Nachweis einer Schuld als Grundlage für die Haftung ist nicht mehr erforderlich. Dieses System bietet Vorteile für den Arbeitgeber und den Beschäftigten. Für den Arbeitgeber wird das unkalkulierbare Risiko hoher Kosten durch Arbeitsunfälle durch gut kalkulierbare Beiträge ersetzt, der Beschäftigte muss weder Rechtsstreitigkeiten mit dem Arbeitgeber noch dessen Zahlungsunfähigkeit fürchten.

8.2 Verantwortung der Fachkräfte für Arbeitssicherheit

Kommt die Sifa ihren gesetzlichen oder vertraglichen Verpflichtungen nicht nach, können Rechtsfolgen drohen. Eine Pflichtverletzung durch die Sifa kann sich ergeben, wenn

- durch die Sifa falsche Ratschläge erteilt werden,
- gravierende Mängel oder Gesundheitsgefahren aufgrund nachlässiger Prüfungen übersehen werden,
- nur unzureichende Vorschläge zur Beseitigung von Mängeln und Gefahren gegeben werden, oder
- gebotene Untersuchungen, Prüfungen, Warnungen, Beratungen und dringliche Empfehlungen versäumt werden.

Juristisch können vorsätzliche oder fahrlässige Pflichtverletzungen geahndet werden, die gegen eine Rechtsvorschrift verstoßen. Die Sifa haftet also, soweit sie einen Unfall oder Schaden vorsätzlich oder fahrlässig herbeigeführt hat.

Kaum eine Sifa wird einen Unfall bewusst und gewollt herbeiführen, also vorsätzlich handeln, oder einen Schaden billigend in Kauf nehmen. Dem Vorwurf der Fahrlässigkeit setzt sich die Sifa aber bereits dann aus, wenn sie bei ihrem Handeln die im Verkehr erforderliche Sorgfalt außer Acht lässt. In derartigen Fällen drohen theoretisch strafrechtliche, zivilrechtliche und arbeitsrechtliche Konsequenzen wie Geld- oder Freiheitsstrafen, Verwarnungs- oder Bußgelder, Schadenersatz- bzw. Regressforderungen und Ermahnungen, Verwarnungen, Abmahnungen bis hin zur Versetzung oder Kündigung.

Bislang waren sich die deutschen Gerichte in ihrer Rechtsprechung weitgehend einig: Fachkräfte für Arbeitssicherheit haften für Fehlberatungen, in der Regel aber nicht bei fehlender oder unzureichender Beratung.

Hier ist allerdings in Zukunft mit einigen Verschärfungen zu rechnen, da die Folgen einer unzureichenden Beratung vernünftigerweise auch der Sifa angelastet werden muss, da diese aus Sicht des Arbeitgebers über die entsprechende Fachkunde zur richtigen und vollständigen Beratung verfügen muss (siehe hierzu auch Urteil des OLG Nürnberg vom 17.6.2014, AZ. 4 U 1706/12).

8.2.1 Abgrenzung zum Betriebssicherheitsmanager

Wie gerade beschrieben sind Fachkräfte für Arbeitssicherheit in ihrer klassischen Rolle weisungsfreie Berater des Arbeitgebers und in ihrer Position als Stabsstellenmitarbeiter keine Garanten für die Sicherheit und den Gesundheitsschutz in einem Unternehmen. Die Verantwortung bleibt beim Unternehmer, oder der für den Arbeitsschutz zuständigen Person. Allerdings haben die Aufgaben im Arbeits- und Gesundheitsschutz heutzutage ein nahezu unglaubliches Maß angenommen. Neben der Einhaltung zahlreicher **komplexer Arbeitsschutzvorschriften**, die für jedes Unternehmen einzeln betrachtet, ausgewertet und für die entsprechende Maßnahmen ergriffen werden müssen, soll das Unternehmen natürlich auch wirtschaftlich rentabel sein. Hierbei spielt wiederum der **Gesundheitsschutz der Mitarbeiter** eine entscheidende Rolle, um die Rentabilität des Unternehmens sicherstellen und Unfälle sowie das damit verbundene **Haftungsrisiko** vermeiden zu können. In größeren Unternehmen stellt sich daher die Frage, ob das Sicherstellen dieser Unternehmensziele alleine durch die Beratung durch Betriebsärzte und Fachkräfte für Arbeitssicherheit gewährleistet werden kann. Ein Weg, der hier in der Vergangenheit häufig gegangen wurde, ist der, eine anerkannte Fachkraft für Arbeitssicherheit als Betriebssicherheitsmanager in die Leitung des Betriebes zu berufen und dieser die Verantwortung für den Arbeits- und Gesundheitsschutz sowie weitere Beauftragungen wie z. B. Umweltschutz, Datenschutz etc. in einem Unternehmen zu übertragen bzw. eine solche Stelle innerhalb der Linienverantwortung zu schaffen. Ein Betriebssicherheitsmanager ist – anders als die Fachkraft für Arbeitssicherheit – als innerbetrieblicher Experte für **übertragene Beauftragtenfunktionen** im Unternehmen verantwortlich. Zu seinen Aufgaben zählen die fortlaufende **Gesetzesbeobachtung**, die Beauftragung der Durchführung notwendiger Maßnahmen im Betrieb sowie die Kontrolle der Durchführung und Wirksamkeit. Ist der Sicherheitsmanager in großen Unternehmen als Mitglied der Geschäftsführung tätig, ist es jedoch erforderlich, weiterhin beratend eine Fachkraft für Arbeitssicherheit zu bestellen.

Der Betriebssicherheitsmanager koordiniert die Aspekte der betrieblichen Sicherheit in den Prozessen (z. B.: Risikobeurteilung, Datenschutz, Maschinenabnahmen). Dabei steuert er die ggf. noch zusätzlichen Beauftragten im Unternehmen bzw. bündelt die betrieblichen Beauftragtenfunktionen in einer Person. Er hat Initiativfunktion (Ideenfindung und Umsetzung) in Hinblick auf die Integration von Aspekten der betrieblichen Sicherheit in den Prozessen.

Aufgrund seiner Funktion ist er bei allen betrieblichen Prozessen, die Einfluss auf die Betriebssicherheit haben, einzubeziehen und muss die individuellen Prozesse mit freigeben.

Ist der Betriebssicherheitsmanager lediglich in Linienverantwortung im Unternehmen, kann er auch in einer Doppelfunktion als Betriebssicherheitsmanager und Fachkraft für Arbeitssicherheit tätig sein, wobei er als Stabsstelle auch für seine eigene Beratung zuständig ist. Näheres kann der Richtline VDI 4055 „Betriebssicherheitsmanagement" entnommen werden.

8.3 Versicherungen

Der Unternehmer kann sein Haftungsrisiko für Schäden mit einer Betriebs-Haftpflichtversicherung eindämmen. Diese gilt dann auch für Schäden, die Beschäftigte des Arbeitgebers verursachen.

Die Fachkräfte für Arbeitssicherheit sollen den Unternehmer unterstützen und dazu insbesondere beraten. Im Zuge dieser Beratungen kann es natürlich vorkommen, dass auch mal eine Fehleinschätzung abgegeben wird, die zu einem Schaden führen kann. Schließlich sind die Fachkräfte für Arbeitssicherheit bei Anwendung ihrer Fachkunde weisungsfrei und können daher entsprechend zur Rechenschaft gezogen werden (siehe dazu zum Beispiel Urteil des OLG Nürnberg vom 17.06.2014, Az. 4 U 1706/12). Daher ist es schon wichtig, sich Gedanken über einen entsprechenden Versicherungsschutz zu machen. Um für solche Fälle ausreichend abgesichert zu sein, empfiehlt es sich, eine entsprechende Berufs-Haftpflichtversicherung abzuschließen. Wichtig ist, dass die Versicherung auf Ihre Bedürfnisse zugeschnitten ist. Zu weiteren Informationen dazu wenden Sie sich am besten an einen der Berufsverbände, die evtl. auch Sonderkonditionen für ihre Mitglieder bei Versicherern ausgehandelt haben.

9 Neu bestellt und was nun? Die ersten 100 Tage

Sie haben als Fachkraft für Arbeitssicherheit eine neue Aufgabe gefunden, die spannend und abwechslungsreich ist, allerdings auch mit hoher Verantwortung und viel Arbeit verbunden ist.

Sie kümmern sich um die Sicherheit und Gesundheit anderer – berücksichtigen Sie dabei aber bitte auch Ihre eigene Sicherheit und Ihre eigene Gesundheit!

Sifas sollten bei ihrer Tätigkeit auch ein Vorbild im Arbeitsschutz sein und sich bei ihrer eigenen Tätigkeit am Ideal der menschengerechten Arbeitsgestaltung orientieren. Im weiteren Verlauf dieses Kapitels unternehmen wir den Versuch, Ihnen das vorher in den Kapiteln Behandelte nochmals als Essenz zu präsentieren:

9.1 Unmittelbarer Zugang zur Unternehmens- bzw. Betriebsleitung

Stellen Sie sich sobald wie möglich der Unternehmensleitung als neue Sifa vor.

Gehen Sie nicht davon aus, dass dort von vornherein bekannt ist, was eine Sifa ist und tut und wie sie arbeitet. Vermitteln Sie der Unternehmensleitung Ihre Rolle als Unterstützer in allen Fragen des Arbeitsschutzes. Versuchen Sie ggf. vorhandenen anderen Vorstellungen über die Rolle der Sifa entgegenzuwirken.

Stellen Sie vor, was Sie konkret als Ihre Aufgaben ansehen und was Sie in der nächsten Zeit tun wollen und vor allem welcher Nutzen für das Unternehmen entstehen kann.

Fragen Sie die Unternehmensleitung, welchen Unterstützungsbedarf sie sieht.

Werden Sie anschlussfähig an die Denkweisen der Leitung. Nur wer denjenigen versteht, den er beraten will, wird ein guter Berater!

Vertreten Sie dabei argumentativ Ihr Arbeitsschutzanliegen. Die Unternehmensleitung verstehen heißt nicht, in der Sache und bei den Zielen des Arbeitsschutzes Abstriche zu machen.

Nutzen Sie daher nach dem Erstgespräch alle Möglichkeiten des direkten Kontakts und auch die der informellen Kontakte zur Unternehmens-/Betriebsleitung, denn auf den unmittelbaren Zugang zur Unternehmens- bzw. Betriebsleitung kommt es an!

9.2 Unfallstatistik

Zu Beginn der Tätigkeit sollten Sie sich intensiv die Unfallstatistik des Betriebes ansehen bzw. eine erstellen, falls nichts Brauchbares vorliegt.

Die Unfallanalysen dienen zum einen dazu, allgemeine unfallstatistische Basiszahlen zu ermitteln und damit den Trend des Unfallgeschehens im Betrieb zu verfolgen. Zum anderen dienen sie zur Ermittlung von Unfallschwerpunkten. Die hier gewonnen Erkenntnisse bieten die Grundlage für schwerpunktbezogene und gezielte Unfallverhütungsmaßnahmen.

Die Beobachtung des betrieblichen Unfallgeschehens liefert viele Einzelheiten über die Gefährdung der Mitarbeiter im Unternehmen. Diese Einzelheiten werden in verschiedener Form schriftlich festgehalten, z. B. in Unfallanzeigen und Verbandbüchern. Sie sind vorerst ungeordnet und gestatten keinen allgemeinen Überblick. Eine Beurteilung der betrieblichen Arbeitssicherheit oder ein Vergleich des Unfallgeschehens mit dem anderer Betriebe lässt sich anhand dieses Urmaterials nicht durchführen.

Die beschreibende Statistik ermöglicht es, dem Urmaterial Daten zu entnehmen und diese nach selbst vorgegebenen Kriterien gezielt zu ordnen und zu untersuchen. Die von einer statistischen Auswertung zu erwartende Aussage ist abhängig von der vorher festgelegten Zielsetzung. Zwei der möglichen Aussageziele einer Statistik sind für die Unfallverhütung besonders interessant.

Mit einer Statistik kann später die Wirksamkeit durchgeführter Unfallverhütungsmaßnahmen dokumentiert und damit der im Unternehmen erreichte Erfolg dargestellt werden. Insbesondere können Unfallhäufungen ermittelt werden, die Hinweise auf betriebliche Gefährdungsschwerpunkte geben.

Aus den gesammelten Daten lassen sich viele Aussagen zum Stand der Arbeitssicherheit im Betrieb ableiten. Dies ist jedoch nur dann möglich, wenn vor der Auswertung präzise Fragen mit klarem Aussageziel gestellt werden. Die Art der Auswertung des Urmaterials richtet sich nach der zugrunde liegenden Frage. In vielen Betrieben werden Unfallstatistiken oft folgende Fragen zugrunde gelegt:

- Hat die Zahl der Unfälle im Beobachtungszeitraum zu- oder abgenommen?
- Gibt es Stunden, Tage, Wochen oder Monate, in denen sich besonders viele Unfälle ereignen?
- Gibt es Filialen, Abteilungen oder Arbeitsplätze, in oder an denen sich besonders viele Unfälle ereignen?
- Gibt es Arbeiten, bei denen sich oft besonders schwere Unfälle ereignen? Welche Gegenstände lösen besonders oft Unfälle aus?
- Werden Unfälle mehr durch technische, organisatorische oder verhaltensbedingte Mängel verursacht?
- Welche Körperteile werden besonders häufig verletzt?
- Welche Verletzungsarten treten gehäuft auf?
- Gibt es Altersgruppen, die besonders unfallgefährdet sind?

- Ist die Unfallgefährdung der Beschäftigten abhängig von der Dauer ihrer Betriebszugehörigkeit?

9.3 Zusammenarbeit mit den Sicherheitsbeauftragten

Die Sicherheitsbeauftragten in den Betrieben sind die Kenner der betrieblichen Praxis. Deren Informationen helfen in der Regel, schnell einen Überblick über das Arbeitsschutzgeschehen zu bekommen. Versuchen Sie schnell die bisher tätigen Sicherheitsbeauftragten kennenzulernen und pflegen Sie einen guten und wertschätzenden Kontakt zu ihnen. Sie können sie in ihrer Arbeit ganz hervorragend unterstützen.

9.4 Erfolgsfaktor Zusammenarbeit mit dem Betriebsarzt

Fachkräfte für Arbeitssicherheit und Betriebsärzte sind gleichwertige Berater des Arbeitgebers in allen Angelegenheiten des Arbeits- und Gesundheitsschutzes. Sie sind im Bereich ihrer Fachkunde weisungsfrei, d. h. ihre Beratung ist lediglich ihrem eigenen Wissen und Gewissen unterworfen. Eine enge Zusammenarbeit dieser Experten bietet große Vorteile und Chancen.

Regelmäßige Begehungen durch den Betriebsarzt und die Fachkraft für Arbeitssicherheit sind ein wesentliches Instrument, um Gefährdungen und arbeitsbedingte Gesundheitsgefahren im betrieblichen Alltag rechtzeitig zu erkennen und zu vermindern. Die Begehungen dienen in erster Linie dazu, sich „an Ort und Stelle" ein umfassendes Bild von den tatsächlichen Arbeitsbedingungen zu machen. Nur so können Arbeitgeber und die Beschäftigten praxisgerecht und fundiert beraten werden.

Begehungen durch Fachkraft für Arbeitssicherheit und Betriebsarzt sind quasi als „Gefährdungsbeurteilung durch Experten vor Ort" ein wesentliches Element zur Verbesserung des betrieblichen Arbeits- und Gesundheitsschutzes.

Um alle Vorteile und Chancen einer Betriebsbegehung nutzen zu können, sollten Begehungen schon gemeinschaftlich vorbereitet und gemeinsam durchgeführt werden.

Planen Sie daher möglichst schnell ein Kennenlernen mit dem für Ihren Betrieb zuständigen Betriebsarzt ein.

9.5 Wirtschaftliches für Freiberufler

Für freiberufliche Sifa geht es zunächst darum, einen Business-Plan zu erstellen. Hilfestellung kann dazu die VDSI-Information 06/2010 „Der Schlüssel zum Erfolg: Der Businessplan für Fachkräfte für Arbeitssicherheit“. Ferner sollten die notwendigen Versicherungen abgeschlossen werden, vorrangig natürlich die Berufs-Haftpflichtversicherung. Und über die grundlegenden Aspekte eines Betreuungsvertrags sollte sich die freiberufliche Sifa Gedanken machen, ggf. unter Hinzuziehung eines Mustervertrags der Verbände.

9.6 GDA-ORGAcheck durchführen

Der GDA-ORGAcheck ermöglicht es den Unternehmen, ihre Arbeitsschutzorganisation zu überprüfen und zu verbessern. Damit trägt der GDA-ORGAcheck sowohl dazu bei, die Potenziale eines gut organisierten Arbeitsschutzes für die störungsfreie Arbeitsorganisation zu nutzen als auch die Wettbewerbsfähigkeit des Unternehmens zu unterstützen. Zu Beginn der Tätigkeit sollten Sie den GDA-ORGAcheck durchführen, um mögliche Lücken in der Arbeitsschutzorganisation aufzuspüren.

10 Arbeitshilfen

10.1 Übersicht über Beauftragte

Bezeichnung	Rechtsgrundlage
Rechtlich geforderte Beauftragte	
Beauftragter für den Datenschutz	§§ 4f, 4 g BDSG
Beauftragter für die biologische Sicherheit	§ 6 (4) GenTG §§ 16 - 19 GenTSV
Befähigte Person Druckgefährdungen	§§ 10, 14, 15, 17 BetrSichV sowie Anhänge 1, 2 und 5 BetrSichV; § 2 Nr. 30 ProdSG TRBS 1203
Befähigte Person Elektrische Gefährdungen	§§ 10, 14, 15 sowie Anhänge 1 und 2 BetrSichV; § 2 Nr. 30 ProdSG TRBS 1203
Befähigte Person Explosionsgefährdungen	§§ 5, 10, 14, 15 BetrSichV sowie Anhänge 1 bis 4 BetrSichV § 2 Nr. 30 ProdSG TRBS 1201 TRBS 1203
Befähigte Person zur Prüfung von Arbeitsmitteln	§§ 10, 14, 15 BetrSichV sowie Anhänge 1 und 2 BetrSichV; § 2 Nr. 30 ProdSG TRBS 1203

Funktionen	Betriebliche Stellung, Kompetenz	Verantwortlichkeit
Sicherstellung des Datenschutzes durch Überwachung, Beratung, Empfehlungen u. Ä.	Unmittelbar unter Inhaber, Vorstand, Geschäftsführer oder gesetzlichem Vertreter unterstellt, unmittelbares Vortragsrecht	Keine Eigenverantwortung für den Datenschutz, Verschwiegenheit
Unterstützung und Beratung des Unternehmers und des Betriebsrats, Kontrolle des Projektleiters	Betreiber direkt unterstellt, unmittelbares Vortragsrecht, Stellungnahme zu Investitionsentscheidungen	Keine Eigenverantwortung für die biologische Sicherheit, „verantwortliche Beratung“
Prüfungen zum Schutz vor Druckgefährdungen	Aufgaben müssen übertragen werden; Fachkenntnisse zur Durchführung der übertragenen Aufgaben	Für die Durchführung der ihnen übertragenen Aufgaben
Prüfungen zum Schutz vor elektrischen Gefährdungen	Aufgaben müssen übertragen werden; Fachkenntnisse zur Durchführung der übertragenen Aufgaben	Für die Durchführung der ihnen übertragenen Aufgaben
Prüfungen zum Schutz vor Explosionsgefährdungen	Fachkenntnisse zur Durchführung der übertragenen Aufgaben; Befugnisse müssen übertragen werden	Für die Durchführung der ihnen übertragenen Aufgaben
Prüfung von Arbeitsmitteln nach Montage oder Instandsetzung; wiederkehrende Prüfungen; Prüfung von überwachungsbedürftigen Anlagen	Fachkenntnisse zur Durchführung der übertragenen Aufgaben; Befugnisse müssen übertragen werden	Für die Durchführung der ihnen übertragenen Aufgaben

Bezeichnung	Rechtsgrundlage
Betriebsbeauftragter für Abfall	§§ 59–60 KrWG, AbfBeauftrV
Betriebsbeauftragter für Gewässerschutz	§§ 64-65 WHG
Betriebsbeauftragter für Immissionsschutz	§§ 53–58 BImSchG 5. BImSchV
Gefahrgutbeauftragter	§§ 3ff GbV
Kerntechnischer Sicherheitsbeauftragter	§§ 2-5 AtSMV
Koordinator von Fremdfirmen zur Vermeidung einer möglichen gegenseitigen Gefährdung	§ 6 DGUV Vorschrift 1 § 8 ArbSchG

	Funktionen	Betriebliche Stellung, Kompetenz	Verantwortlichkeit
	Überwachung, Beratung, Empfehlungen, Jahresbericht	Fachlich möglichst unmittelbar unter der Geschäftsführung; Schriftliche Bestellung mit Bezeichnung der Aufgaben	Keine Eigenverantwortung für Abfallbeseitigung, „verantwortliche Beratung“
	Überwachung, Beratung, Empfehlungen, Jahresbericht	Stellungnahme zur Einführung von Verfahren und Erzeugnissen, unmittelbares Vortragsrecht	Keine Eigenverantwortung für Gewässerschutz, „verantwortliche Beratung“
	Überwachung, Beratung, Empfehlungen, Jahresbericht	Stellungnahme zur Einführung von Verfahren und Erzeugnissen, unmittelbares Vortragsrecht	Keine Eigenverantwortung für Immissionsschutz, „verantwortliche Beratung“
	Überwachung, Beratung und Empfehlungen, Jahresbericht	Stellungnahme zu Abweichungen von den Gefahrgutvorschriften, unmittelbares Vortragsrecht	Keine Eigenverantwortung für Gefahrgut
	Auswertung von meldepflichtigen Ereignissen und Störungen; Mitwirkungs-, Mitteilungs-, Zusammenarbeits- und Beratungsaufgaben	Stellung und Aufgaben sind im Einzelnen im Betriebshandbuch festzulegen	„verantwortliche Beratung“; Keine Benachteiligung wegen der Aufgabe
	Abstimmung der Arbeiten, um gegenseitige Gefährdungen zu vermeiden	Weisungsbefugnis gegenüber beauftragten Unternehmen zur Vermeidung gegenseitiger Gefährdungen, wird vom Auftraggeber bestellt	Verantwortung hinsichtlich der gegenseitigen Gefährdungen, Verantwortung für Arbeitsschutz verbleibt bei den jeweiligen Unternehmern

Bezeichnung	Rechtsgrundlage
Koordinator zur Vorbereitung und Ausführung von Bauvorhaben (Sicherheits- und Gesundheitsschutzkoordinator)	§ 3 BauStVO RAB 30
Laserschutzbeauftragter	§ 5 OStrV
Schwerbehindertenbeauftragter	§ 98 SGB IX
Sicherheitsbeauftragter	§ 22 SGB VII DGUV Vorschrift 1
Störfallbeauftragter	§ 58 a–d BImSchG 5. BImSchV 12. BImSchV

Funktionen	Betriebliche Stellung, Kompetenz	Verantwortlichkeit
Hinweisende Beratung in Planung und Ausführungsphase von Bauarbeiten hinsichtlich gegenseitiger Gefährdungen der Gewerke und gemeinsam zu nutzender Schutzeinrichtungen; Erstellung eines Sicherheits- und Gesundheitsschutzplans	Beratende Funktion in Planungs- und Ausführungsphase; wird bestellt vom Bauherrn	Keine Eigenverantwortung für Arbeitsschutz, „verantwortliche Beratung"
Unterstützung des Arbeitgebers bei der Durchführung der notwendigen Schutzmaßnahmen gemäß § 3 Absatz 1 Satz 7 OStrV und die Überwachung des sicheren Betriebs von Lasern	Stabsfunktion ohne Weisungsbefugnis, Weisungsbefugnis kann aber erteilt werden, unmittelbares Vortragsrecht	Keine Eigenverantwortung für den Betrieb von Lasereinrichtungen, Verantwortung kann aber übertragen werden
Erfüllung der Pflichten des Arbeitgebers; Vertretung des Arbeitgebers in Angelegenheiten der Schwerbehinderten; Zusammenarbeit mit Schwerbehindertenvertretung, Betriebsrat usw.	Keine besondere Stellung	Soll den Arbeitgeber vertreten; Verbindungsperson zur Bundesagentur für Arbeit und zum Integrationsamt
Beratung vor Ort, Überwachung in seinem Tätigkeitsbereich	Keine besondere betriebliche Stellung, kein Vorgesetzter	Keine Eigenverantwortung für den Arbeitsschutz
Nur im Falle eines Störfalles Koordinationsaufgaben Überwachung Sicherheitsanalyse Jahresbericht	Ausreichende Stellung und Befugnisse für Koordinationsaufgaben, Stellungnahme zu Investitionsentscheidungen, kann Entscheidungsbefugnis erhalten	Für die Koordination, soweit die Befugnisse reichen; „verantwortliche Beratung"

Bezeichnung	Rechtsgrundlage
Strahlenschutzbeauftragter	§§ 31-33 StrlSchV § 13-15 RöV
Tierschutzbeauftragter	§ 8b TierSchG
Freiwillig bestellte Beauftragte	
Arbeitsschutzbeauftragter des Betriebsrats	Benennung durch Betriebsrat zur besseren Wahrnehmung seiner Überwachungsrechte und -pflichten gemäß §§ 80, 87, 89, 90, 91 BetrVG
Arbeitsschutzmanagement-Systembeauftragter	Z. T. von Fachkreisen in Analogie zu den Systemverantwortlichen im UMS und QMS geforderte Funktion für ein AMS
Brandschutzbeauftragter	Kann von Sachversicherern gefordert werden; empfohlen gem. VdS-Richtlinie Nr. 2000 Richtlinie des VdS: VfdB 12-09/01:2001-07 „Bestellung, Aufgaben, Qualifikation und Ausbildung von Brandschutz-beauftragten“ Im Bergbau rechtliche Bestellungspflicht; Gefordert in einzelnen Landesvorschriften (z. B. Krankenhaus-Richtlinien des Landes Hessen) sowie in der Muster-Industriebaurichtlinie Pkt. 5.12.3 (Verbindlichkeit je nach Umsetzung in den Ländern)

Funktionen	Betriebliche Stellung, Kompetenz	Verantwortlichkeit
Information des Strahlenschutzverantwortlichen, Überwachung, Empfehlung, regelmäßige Belehrung der strahlenexponierten Personen, Vermeidung von unnötigen Strahlenexpositionen	Stellung pragmatisch gemäß innerbetrieblicher Regelung, Entscheidungskompetenz in Fragen des Strahlenschutzes, bei Gefahren unmittelbare Pflicht zum Eingreifen; schriftliche Bestellung mit Bezeichnung der Aufgaben und Kompetenzen	Eigenverantwortung für die Schutzvorschriften im Rahmen seiner Bestellung
Überwachung, Beratung, Hinwirkung auf Vermeidung von Tierversuchen	Stellungnahme zur Genehmigung eines Tierversuchs, unmittelbares Vortragsrecht, weisungsfrei	Keine Eigenverantwortung
Gemäß Regelung innerhalb des Betriebsrates Beratung und Unterstützung des Betriebsrates in Fragen des Arbeitsschutzes in einer Stabsfunktion, ähnlich Fachkraft für Arbeitssicherheit		
Aufbau, Pflege und Weiterentwicklung eines Arbeitsschutzmanagementsystems	Mitglied der oberen Leitungsebene oder ihr direkt unterstellt	Verantwortung für das Funktionieren des Systems
Ist im Einzelfall zu prüfen; je nach Art und Größe des Betriebs; Aufstellung von Alarm- und Brandschutzplänen, Organisation und Überwachung der Brandschutzkontrollen im Betrieb, Beratung des Betriebs, Ausbildung der Mitarbeiter	Sollte unmittelbar der Betriebsleitung unterstellt sein; keine Weisungsbefugnis; bei Gefahr im Verzug unmittelbare Pflicht zum Eingreifen	Keine Eigenverantwortung für den Brandschutz; muss aber aufgrund seiner Fachkunde auf Gefahrenherde hinweisen; Verantwortlich für die übertragenen Aufgaben

Bezeichnung	Rechtsgrundlage
Brandschutzbeauftragter (Fortsetzung)	Gefordert in Verkaufsstättenverordnungen der Länder (alle außer Bremen und Sachsen-Anhalt); Versammlungsstättenverordnungen fordern Brandsicherheitswache der Feuerwehr bei Bühnen über 200 m^2 In den BauRL einzelner Länder (Jahr 2000) bei > 5000 m^2 Gesamt-Geschossfläche
Gefahrstoffbeauftragter	Freiwillige Bestellung zur besseren Wahrnehmung von Verpflichtungen aus dem Gefahrstoffrecht
Hygienebeauftragter	Freiwillige Bestellung zur besseren Wahrnehmung von Verpflichtungen aus dem Lebensmittelrecht (LMHV) sowie gesetzlich verpflichtend im Klinik- und Pflegebereich gem. § 2 HygMedVO
Qualitätsbeauftragter	DIN EN ISO 9001
Risikomanagement-beauftragter	Aufgrund der Forderungen des KonTraG
Umweltschutzbeauftragter	DIN EN ISO 14000 ff. und EMAS

Quelle: Nach Lektion 9 Ausbildung zur Fachkraft für Arbeitssicherheit im öffentlichen Dier

Funktionen	Betriebliche Stellung, Kompetenz	Verantwortlichkeit
Z. B. Koordination und Durchführung der Forderungen von ChemG/GefStoffV	Innerbetriebliche Regelung	
Z. B. Umsetzung des HACCP-Konzeptes, Ausbau, Pflege und Weiterentwicklung eines Hygienemanagementsystems	Innerbetriebliche Regelung	
Aufbau und Aufrechterhaltung des Qualitätssicherungssystems, Schulung der Mitarbeiter	Mitglied der oberen Leitungsebene oder ihr direkt unterstellt	Verantwortung für Organisation der Qualitätssicherung sowie Einführung, Umsetzung und Pflege des Qualitätsmanagementsystems
Aufbau, Pflege und Weiterentwicklung eines RMS	Mitglied der oberen Leitungsebene oder ihr direkt unterstellt	Verantwortung für das Funktionieren des Risikomanagementsystems
Aufbau, Pflege und Weiterentwicklung eines UMS	Mitglied der oberen Leitungsebene oder ihr direkt unterstellt	Verantwortung für das Funktionieren des Systems

10.2 Checkliste Aufgaben klären in der Grundbetreuung

Tabelle zur Bestimmung des Standes des Arbeitsschutzes nach Arbeitsfeldern

	Handlungsbedarf
Aufgabenfeld Gefährdungsbeurteilung siehe auch die Aufgabenfelder 1.1. bis 1.3 der Grundbetreuung	
Einschätzung des Stands der GB im Betrieb • Wie ist der Stand der Gefährdungsbeurteilung im Betrieb? • Wie ist der Kenntnisstand über Ziele und Zweck der GB bei den Führungskräften? Ist ein Gesamtsystem zur Gefährdungsbeurteilung etabliert? • Werden flächendeckend im Betrieb Gefährdungsbeurteilungen durchgeführt? • Sind diese von angemessener Qualität? • Werden die Gefährdungsbeurteilungen dazu genutzt, die erforderlichen Maßnahmen des Arbeitsschutzes abzuleiten, umzusetzen und ihre Wirksamkeit zu überprüfen? • Wird die Gefährdungsbeurteilung im Betrieb gelebt? Wird regelmäßig mit ihr gearbeitet, sie fortgeschrieben und systematisch ausgewertet? Wird anhand der Gefährdungsbeurteilung die Verbesserung der Arbeitsbedingungen systematisch vorangetrieben? • ...	

	Unterstützungsleistungen Sifa	Unterstützungsleistungen Betriebsarzt	Abgeschätzter Aufwand? (in Stunden/Anteil Jahresarbeitszeit Sifa/Prozent der Grundbetreuung)

	Handlungsbedarf
Aufgabenfelder Grundlegende Maßnahmen der Arbeitsgestaltung – Verhältnis- und Verhaltensprävention (siehe auch die Aufgabenfelder 2 und 3 der Grundbetreuung)	
Einschätzung des Stands der grundlegenden Maßnahmen zur Arbeitsgestaltung • Wie ist der Zustand der bestehenden Arbeitssysteme? Inwieweit sind die Arbeitssysteme und im Einzelnen Arbeitsplätze, Arbeitsmittel, Arbeitsstätten, Arbeitsorganisation, Arbeitsaufgaben, Arbeitszeiten u. a. m. sicher, gesundheits- und menschengerecht gestaltet? • Welche regelmäßigen Überprüfungen der Arbeitssysteme sind erforderlich (Begehungen, Gefährdungsanalysen, Risikobeurteilungen, u. Ä. m.)?	
Welcher Gestaltungsbedarf besteht hinsichtlich • technischer Maßnahmen (Sicherheitstechnik, Ergonomie, Instandhaltung der Schutzeinrichtungen) • organisatorischer Maßnahmen (Verfahren, Abläufe, Arbeitszeiten und Pausen,…) • Auswahl, Erprobung, Einsatz, Benutzung, Instandhaltung von persönlichen Schutzausrüstungen (PSA) • Gestaltung organisationsbezogener Gesundheitsfaktoren (Gestaltung von Arbeitsaufgaben, Arbeitsorganisation) • …..	

	Unterstützungsleistungen Sifa	Unterstützungsleistungen Betriebsarzt	Abgeschätzter Aufwand? (in Stunden/Anteil Jahresarbeitszeit Sifa/Prozent der Grundbetreuung)

	Handlungsbedarf
• Welche Wirkungskontrollen sind erforderlich? • Welche Prüfungen z. B. vor Inbetriebnahme bzw. z. B. bei Veränderungen von Arbeitsplätzen, Ersatzbeschaffung von Maschinen, Geräten, Änderung von Arbeitsverfahren, Veränderung betrieblicher Abläufe, Prozesse, Einführung von Arbeitsstoffen, Materialien, Veränderungen der Arbeitszeitgestaltung sind erforderlich? • Welchen Bedarf gibt es bei Unterweisungen, Betriebsanweisungen, Qualifizierungsmaßnahmen, Motivieren zum sicherheits- und gesundheitsgerechten Verhalten, Information und Aufklärung zum Umgang mit Risiken?	
Aufgabenfeld Schaffung einer geeigneten Organisation/Arbeitsschutzmanagement (siehe das Aufgabenfeld 4 der Grundbetreuung)	
• Wie ist der Stand der Schaffung einer geeigneten Integration und der Integration des Arbeitsschutzes in die Führungstätigkeit? • Kennen alle Führungskräfte ihre Aufgaben im Arbeitsschutz und wurden ihnen die Aufgaben übertragen? • Gibt es eine Arbeitsschutzstrategie im Unternehmen? Werden die Arbeitsschutzbelange bei betrieblichen Entscheidungen angemessen beurteilt? • Wird das arbeitsschutzgerechte Führen im Unternehmen gefördert?	

	Unterstützungsleistungen Sifa	Unterstützungsleistungen Betriebsarzt	Abgeschätzter Aufwand? (in Stunden/Anteil Jahresarbeitszeit Sifa/Prozent der Grundbetreuung)

	Handlungsbedarf
• Besteht ein Arbeitsschutzausschuss, der regelmäßig arbeitet? Wird auch in anderen betrieblichen Besprechungen regelmäßig über Arbeitsschutz kommuniziert und informiert? • Ist durch organisatorische Regelungen sichergestellt, dass in den betrieblichen Prozessen berücksichtigt wird? • Sind die erforderlichen arbeitsschutzspezifischen Prozesse organisiert? Vorschriften- und Regelwerksmanagement; Zustandskontrollen, Erste Hilfe, Auflagenmanagement, Notfallmanagement, Unfallmeldewesen usw. • Ist ein ständiger Verbesserungsprozess organisatorisch sichergestellt? •	

	Unterstützungs-leistungen Sifa	Unterstützungs-leistungen Betriebsarzt	Abgeschätzter Aufwand? (in Stunden/Anteil Jahresarbeitszeit Sifa/Prozent der Grundbetreuung)

	Handlungsbedarf
Weitere Aufgabenfelder (siehe die Aufgabenfelder 5 bis 9 der Grundbetreuung)	
• Welchen Umfang hat das Unfallgeschehen? Was muss untersucht werden? Welche weiteren Schadensereignisse, Beinaheunfälle, Erste-Hilfe-Fälle müssen untersucht werden? Sind Analysen von Unfallschwerpunkten sowie Schwerpunkten arbeitsbedingter Erkrankungen erforderlich? • Welche Personen im Betrieb müssen regelmäßig von Sifa und Betriebsarzt allgemein in Fragen von Sicherheit und Gesundheit beraten werden? Wie groß ist der Personenkreis? Welche typischen Beratungsanlässe gibt es im Betrieb? Mit welchen Fragestellungen ist zu rechnen? • Welche Dokumente müssen im Betrieb vorgehalten werden (z. B. Explosionsschutzdokument, Dokumentation Schadensanalysen, Prüfdokumentationen z. B. gemäß BetrSichV, Dokumentation von Unterweisungen, ...)? • Welche Meldepflichten muss der Betrieb gegenüber Behörden erfüllen? Wie soll der Bericht der Sifa zur eigenen Tätigkeit, den erzielten Ergebnissen und der Inanspruchnahme der Einsatzzeit aussehen? • In welchen betrieblichen Besprechungen werden Sie beteiligt sein? • Was ist für Ihre Selbstorganisation erforderlich? Wie betreiben Sie Ihr eigenes Wissensmanagement? Welchen Fortbildungsbedarf haben Sie? Wie vernetzten Sie sich und betreiben Erfahrungsaustausch? • ...	

	Unterstützungs-leistungen Sifa	Unterstützungs-leistungen Betriebsarzt	Abgeschätzter Aufwand? (in Stunden/Anteil Jahresarbeitszeit Sifa/Prozent der Grundbetreuung)

10.3 Aufgaben klären in der betriebsspezifischen Betreuung

Zu berücksichtigende Aufgabenfelder der betriebsspezifischen Betreuung

Gruppe I: Arbeitsgestaltungsmaßnahmen

- Besondere Tätigkeiten
  - Arbeitsplätze, Arbeitsstätten mit besonderen Risiken
  - Arbeitsaufgaben, -organisation mit besonderen Risiken einschließlich psychischer Belastungen, Schichtarbeit, Fremdfirmeneinsatz
  - Besondere Anforderungen beim Personaleinsatz einschließlich besonderer Personengruppen, Zeitarbeit, Wiedereingliederung
  - Ältere Beschäftige, altersgerechte Arbeitsgestaltung
  - Erhalt der gesundheitlichen Ressourcen durch Arbeitsgestaltung
  - Gesundheitsmanagement
  - …

Gruppe II: Betriebliche Veränderungen

- Beschaffung von neuartigen Maschinen, Anlagen
- Umbau, Neubau, Veränderung von Arbeitsstätten, -plätzen
- Einführung neuer Stoffe, Materialien
- Veränderung der betrieblichen Prozesse und Abläufe
- Besondere Anforderungen zur geeigneten Organisation, Einführung von AMS, Integration in andere Managementsysteme
- …

Gruppe III: Externe Entwicklung

- Betriebliche Umsetzung neuer Vorschriften
- Umsetzung des weiterentwickelten Stands der Technik
- …

Gruppe IV: Betriebliche Aktionen, Programme, Maßnahmen

- Gefährdungsbezogene Programme, Aktionen
- Verhaltensbezogene Programme, Aktionen
- Programme, Aktionen zur Gesundheitsförderung
- Programme, Aktionen zu physischen/psychischen/psychosozialen Belastungen
- Konzepte, Maßnahmen zur Verbesserung der Arbeitskultur
- ….

	Unterstützungs-leistungen Sifa	Unterstützungs-leistungen Betriebsarzt	Abgeschätzter Auf-wand? (in Stunden)

10.4 Checkliste Managementsysteme

Item	ja	nein	Anmerkung
Existiert in Ihrem Unternehmen bereits ein Managementsystem?			
Ist der Arbeitsschutz darin berücksichtigt?			
Sind die Anforderungen an das Managementsystem geklärt?			
Wird der Aufbau eines Managementsystems von der obersten Führungsebene gewünscht?			
Werden die notwendigen Ressourcen für ein Managementsystem zur Verfügung gestellt?			

10.5 Checkliste Zusammenarbeit mit der Mitarbeitervertretung

Item	ja	nein	Anmerkung
Antrittsbesuch beim BR absolviert?			
Über Ziele und Probleme ausgetauscht?			
Zukünftige Zusammenarbeit abgesprochen?			
Gibt es einen festen Ansprechpartner im BR?			
Gibt es Betriebsvereinbarungen mit Bezug zu Sicherheit und Gesundheit am Arbeitsplatz?			

10.6 Checkliste Sicherheitsbeauftragte

Item	ja	nein	Anmerkung
Haben Sie eine Liste mit allen Sicherheitsbeauftragten?			
Ist eine gemeinsame Sitzung mit allen Sicherheitsbeauftragten geplant?			
Zukünftige Zusammenarbeit abgesprochen?			
Ist die Anzahl der Sicherheitsbeauftragten nach der „neuen“ DGUV Regel 100-001 berechnet?			
Sind die Unfall- und Gesundheitsgefahren im Unternehmen berücksichtigt?			
Besteht eine räumliche Nähe der Sicherheitsbeauftragten zu den Beschäftigten?			
Besteht eine zeitliche Nähe der Sicherheitsbeauftragten zu den Beschäftigten?			

Item	ja	nein	Anmerkung
Besteht eine fachliche Nähe der Sicherheitsbeauftragten zu den Beschäftigten?			
Ist die Anzahl der Beschäftigten berücksichtigt?			
Sind die Sicherheitsbeauftragten in die betriebliche Arbeitsschutzorganisation eingebunden?			
Haben die Sicherheitsbeauftragten Gelegenheit zur Fortbildung?			
Wird den Sicherheitsbeauftragten Wertschätzung entgegengebracht?			
Haben die Sicherheitsbeauftragten die Möglichkeit, Ihrer Aufgabe nachzukommen?			

10.7 Checkliste Arbeitsschutzausschuss (ASA)

Item	ja	nein	Anmerkung
Gibt es eine Geschäftsordnung für den ASA?			
Werden alle Beteiligten rechtzeitig zum ASA eingeladen?			
Finden die Sitzungen regelmäßig vierteljährlich statt?			
Nimmt der Betriebsarzt regelmäßig daran teil?			
Werden bis zu zwei Betriebsratsmitglieder eingeladen?			
Nehmen Sicherheitsbeauftragte an den Sitzungen teil?			
Liegt vor den Sitzungen eine Tagesordnung vor?			

10.8 Muster einer Bestellungsurkunde für die Fachkraft für Arbeitssicherheit

Bestellung als Fachkraft für Arbeitssicherheit

Zwischen Firma ....

vertreten durch ....

und Frau/Herrn ....

wird folgendes vereinbart:

1 Frau/Herr .... wird gemäß § 5 des Gesetzes über Betriebsärzte, Sicherheitsingenieure und anderer Fachkräfte für Arbeitssicherheit (Arbeitssicherheitsgesetz – ASiG) im Einvernehmen mit dem Betriebsrat mit Wirkung vom .... zur Fachkraft für Arbeitssicherheit bestellt.

2 Als Fachkraft für Arbeitssicherheit hat Frau/Herr .... die Aufgabe, den Arbeitgeber beim Arbeitsschutz und bei der Unfallverhütung in allen Fragen der Arbeitssicherheit einschließlich der menschengerechten Gestaltung der Arbeit zu unterstützen. Sie/Er hat insbesondere:

2.1 den Arbeitgeber und die sonst für den Arbeitsschutz und die Unfallverhütung verantwortlichen Personen zu beraten, insbesondere bei

2.2 der Planung, Ausführung und Unterhaltung von Betriebsanlagen und von sozialen und sanitären Einrichtungen,

2.3 der Beschaffung von technischen Arbeitsmitteln und der Einführung von Arbeitsverfahren und Arbeitsstoffen,

2.3.1 der Auswahl und Erprobung von Körperschutzmitteln,

2.3.2 der Gestaltung der Arbeitsplätze, des Arbeitsablaufs, der Arbeitsumgebung und in sonstigen Fragen der Ergonomie,

2.4 die Betriebsanlagen und die technischen Arbeitsmittel insbesondere vor der Inbetriebnahme und Arbeitsverfahren insbesondere vor ihrer Einführung sicherheitstechnisch zu überprüfen,

2.5 die Durchführung des Arbeitsschutzes und der Unfallverhütung zu beobachten und im Zusammenhang damit

2.5.1 die Arbeitsstätten in regelmäßigen Abständen zu begehen und festgestellte Mängel dem Arbeitgeber oder der sonst für den Arbeitsschutz und die Unfallverhütung verantwortlichen Person mitzuteilen, Maßnahmen zur Beseitigung dieser Mängel vorzuschlagen und auf deren Durchführung hinzuwirken,

2.5.2 auf die Benutzung der Körperschutzmittel zu achten,

2.5.3 Ursachen von Arbeitsunfällen zu untersuchen, die Untersuchungsergebnisse zu erfassen und auszuwerten und dem Arbeitgeber Maßnahmen zur Verhütung dieser Arbeitsunfälle vorzuschlagen,

2.6 darauf hinzuwirken, dass sich alle im Betrieb Beschäftigten den Anforderungen des Arbeitsschutzes und der Unfallverhütung entsprechend verhalten, insbesondere sie über die Unfall- und Gesundheitsgefahren, denen sie bei der Arbeit ausgesetzt sind, sowie über die Einrichtungen und Maßnahmen zur Abwendung dieser Gefahren zu belehren und bei der Schulung der Sicherheitsbeauftragten mitzuwirken.

3 Frau/Herr .... ist als Fachkraft für Arbeitssicherheit für folgende Betriebsbereiche zuständig:

4 Frau/Herrn .... steht zur Erfüllung seiner/ihrer Aufgaben als Fachkraft für Arbeitssicherheit die nach DGUV Vorschrift 2 erforderliche Einsatzzeit zur Verfügung.

....	....	....
Geschäftsleitung	Betriebsrat	Fachkraft für Arbeitssicherheit

10.9 Berechnungsbeispiele für Einsatzzeiten nach der DGUV Vorschrift 2 „Betriebsärzte und Fachkräfte für Arbeitssicherheit“

Die Zeiten für die Grundbetreuungen ergeben sich aus den zeitlichen Vorgaben der DGUV Vorschrift 2, die Beispiele und Zeiten für die betriebsspezifischen Betreuungen sind fiktiv und müssten im konkreten Anwendungsfall entsprechend den besonderen Bedingungen des Einzelfalls bestimmt werden.

1. Alten- und Pflegeheim mit 50 Beschäftigten (BGW):

Grundbetreuung:

Betreuungsgruppe	Einsatzzeit je MA	Anteil Betriebsarzt	Anteil Sifa
Anzahl Beschäftigter	Jahreseinsatzzeit	Jahresstunden	Jahresstunden
III	0,5	0,25	0,25
50	25	12,5	12,5

Betriebsspezifische Betreuung für die Sifa:	nach Notwendigkeit, z. B.
Hohe physische Belastungen:	dauerhaft 2 Jahresstunden
Umbau einer Pflegestation:	einmalig 10 Jahresstunden
Gesamtbetreuungsumfang für die Sifa:	14,5 Jahresstunden regelmäßig
	24,5 Jahresstunden für ein Jahr

2. Zeitarbeitsunternehmen mit 30 Beschäftigten im internen und kaufmännischen Teil (Betreuungsgruppe III) und 80 Beschäftigten im gewerblichen Bereich (Betreuungsgruppe II) (VBG):

Grundbetreuung:

Betreuungsgruppe	Einsatzzeit je MA	Anteil Betriebsarzt	Anteil Sifa
Anzahl Beschäftigter	Jahreseinsatzzeit	Jahresstunden	Jahresstunden
II	1,5	0,3	1,2
80	120	24	96

Betreuungsgruppe	Einsatzzeit je MA	Anteil Betriebsarzt	Anteil Sifa
Anzahl Beschäftigter	Jahreseinsatzzeit	Jahresstunden	Jahresstunden
III	0,5	0,2	0,3
30	15	6	9

Summen: Betriebsarzt 30 Jahresstunden
Sifa 108 Jahresstunden

Betriebsspezifische Betreuung für die Sifa: nach Notwendigkeit, z. B.

Überlassung an biologisches Labor: 2 Jahresstunden für die Zeit der Überlassung

Neubau einer Geschäftsstelle: 15 Jahresstunden einmalig

Gesamtbetreuungsumfang für die Sifa: 110 Jahresstunden regelmäßig

125 Jahresstunden für ein Jahr

3. Industrieunternehmen zur Herstellung von Elektromotoren > 5 kVA (Betreuungsgruppe I) mit 280 Beschäftigten (BG ETEM):

Grundbetreuung:

Betreuungsgruppe	Einsatzzeit je MA	Anteil Betriebsarzt	Anteil Sifa
Anzahl Beschäftigter	Jahreseinsatzzeit	Jahresstunden	Jahresstunden
II	2,5	0,5	2,0
280	700	140	560

Betriebsspezifische Betreuung für die Sifa: nach Notwendigkeit, z. B.

Umgang mit Gefahrstoffen: dauerhaft 24 Jahresstunden

Neubau einer Produktionshalle: einmalig 48 Jahresstunden

Gesamtbetreuungsumfang für die Sifa: 584 Jahresstunden regelmäßig

632 Jahresstunden für ein Jahr

11 Literaturverzeichnis

Arbeitshilfen und weiterführende Literatur

Anzinger, Bieneck: Kommentar zum Arbeitssicherheitsgesetz. Heidelberg 1998

Aushangpflichtige Unfallverhütungsvorschriften. Mit Kordel zum Aufhängen. ecomed Sicherheit, Landsberg, 2. Auflage 2014

Barth, M., Becker, E., Krause, C., Schirrmacher, M., Schoch, G., Vogelheim, P. A., Falkenhagen, O., Hinrichsen, J., Schmidt, U., Weigl, Ch., Marx, J., Schiller, K., Fütterer, S., Willke, N., Kern, P., Allmann, B., Gläser, K., Müller, B., Kaminski, M., Eigenmann, P., Kley, St., Badura, B., Siegmann, S.: DIN Spec. (PAS) 91020: Betriebliches Gesundheitsmanagement. DIN, Beuth Verlag, Berlin, Juli 2012

Büdicker, K., Figgel, M., Köchling, S., Gerstkamp, M., Laube, F.-W., Lottermoser, A., Lüth, W., Pause, J., Sigesmund, M., Siegmann, S.: VDI 4055: Betriebssicherheitsmanagementsystem (BSM). VDI, Düsseldorf, 2016

Gemeinsame Deutsche Arbeitsschutzstrategie (GDA): GDA ORGAcheck: Arbeitsschutz mit Methode – zahlt sich aus. Berlin, ISBN 978-3-940506-31-3, 2013

Hamacher, W., Eickholt, C., Riebe, S.: Betriebliche und überbetriebliche Einflussgrößen auf die Tätigkeit und Wirksamkeit von Fachkräften für Arbeitssicherheit – Ergebnisse der Sifa-Langzeitstudie und der GDA-Betriebsbefragung 2011. Dortmund/Berlin/Dresden 2015

Hamacher, W., Lenartz, N., Riebe, R., Trimpop, R., Höhn, K., Köhler, T.: Prävention wirksam gestalten – Erkenntnisse aus der Sifa-Langzeitstudie. DGUV Report 3/2013, Berlin 2013.

Kiparski v., R.: Immer nah dran. Sicherheitsbeauftragter, 2015, 4, 6-9

Kliemt, G., Voullaire, E.: Tätigkeitsspektrum und Rollenverständnis von Betriebsärzten in Deutschland. Ergebnis einer bundesweiten Befragung. Bundesanstalt für Arbeitsschutz und Arbeitsmedizin, F 5131, 2003

Kreizberg, K.: Arbeitsschutzrecht im Überblick. ecomed Sicherheit, Landsberg 2016

Kuntzemann, G.: Neuregelung zur Bestellung von Sicherheitsbeauftragten. Sicherheitsbeauftragter, 2015, 2, 6-7

Leichsenring, Ch., Böckler, M., Grunenberg, B., Hüdepohl, J., Petermann, O., Vogel, S.: Leitfaden Recht: Der Beitrag des Betriebsrats zur Arbeitssicherheit. Berufsgenossenschaft Energie, Textil, Elektro, Medienerzeugnisse (BG ETEM), Köln

Meinel, H.: Betrieblicher Gesundheitsschutz. Vorschriften, Aufgaben und Pflichten für den Arbeitgeber. ecomed Sicherheit, Landsberg, 6. Auflage 2015

Müller, E.-W.: Konfliktmanagement – So lösen Sie Konflikte und verbessern das Beriebs- und arbeitsklima! ecomed Sicherheit, Landsberg 2014

Müller, E.-W.: Unfallrisiko Nr. 1: Verhalten. So vermeiden Sie verhaltensbedingte Unfälle! ecomed Sicherheit, Landsberg 2012

Nagel, U., Bonnemann, S.: Richtig vorbeugen, gesunder Rücken! ecomed Sicherheit, Landsberg 2013

Nagel, U., Petermann, O.: Psychische Belastungen, Stress, Burnout? So erkennen Sie frühzeitig Gefährdungen für Ihre Mitarbeiter und beugen Erkrankungen erfolgreich vor! ecomed Sicherheit, Landsberg, 2. Auflage 2016

Opfermann, R., Streit, W.: Arbeitsstätten. CD-ROM mit laufender Aktualisierung, ecomed Sicherheit, Landsberg

Pieper, R.: ArbSchR. Arbeitschutzrecht. Kommentar für die Praxis zum Arbeitsschutzgesetz, Arbeitssicherheitsgesetz und zu den anderen Arbeitsschutzvorschriften. Frankfurt am Main (Bund-Verlag), 5. Auflage, 2012

Schwede, J.: Aushangpflichtige Gesetze. Mit Kordel zum Aufhängen. ecomed Sicherheit, Landsberg, jährliche Neuauflagen

Sicherheits- und Gesundheitsschutzkennzeichnung nach ASR A1.3. Wandtafel zum Aushängen. ecomed Sicherheit, Landsberg, 2. Auflage 2013

Siegmann, S.: Rollenbild und Tätigkeitsspektrum der Sicherheitsbeauftragten: Ergebnisse einer Befragung im Jahr 2012. DGUV Forum, 4, 20 - 22, 2013

Siegmann, S.: Vom ‚Sicherheitsbeauftragten' zum ‚Beauftragten für Sicherheit und Gesundheit'. Sicherheitsbeauftragter, 09, S. 6-8, ISSN 0300-3337, 2010

Stojke, J.: Augen auf am Arbeitsplatz! – Gefährdungen erkennen und Unfälle vermeiden. ecomed Sicherheit, Landsberg 2011

Stojke, J.: Unfallverhütungsfibel für Auszubildende. ecomed Sicherheit, Landsberg, 38. Auflage 2014

Taeger, J., Rose, E.: Arbeitsschutzrecht. Themenbeiträge zum technischen und sozialen Arbeitsschutzrecht, Gesetze, Urteile, Lexikon, Praxisbeispiele. CD-ROM mit laufender Aktualisierung, ecomed Sicherheit, Landsberg

Tenckhoff, B., Siegmann, S.: BSM – Vernetztes Betriebssicherheitsmanagement. Dr. Curt Haefner Verlag, Heidelberg, 2009

Trimpop, R., Hamacher, W., Lenartz, N., Ruttke, T., Riebe, S., Höhn, K., Kahnwald, N., Kalveram, A., Schmauder, M., Köhler, T.: Sifa-Langzeitstudie: Tätigkeiten und Wirksamkeit von Fachkräften für Arbeitssicherheit (Abschlussbericht); Dresden 2012, ISBN 978-3-86780-317-5

Westphal, P.: Prüflisten Arbeitssicherheit – Gefährdungsanalyse, Dokumentation, Prüfpflichten. Loseblattwerk mit laufenden Aktualisierungen (2 Ordner mit CD-ROM) oder Datenservice/Download

Westphal, P., Schmitt, M: Checklisten Arbeitssicherheit. CD-ROM mit laufender Aktualisierung, ecomed Sicherheit, Landsberg

Wittmann, A., Siegmann S.: Gefährdungsbeurteilung und Risikomanagement. Loseblattwerk mit laufenden Aktualisierungslieferungen. 2 Ordner mit CD-ROM, ecomed Sicherheit, Landsberg; auch als CD-ROM-Ausgabe oder Online-Anwendung verfügbar.

Informationen im Internet

GDA-ORGAcheck: www.gda-orgacheck.de; als Online-Tool oder App unter: www.gda-portal.de => Handlungshilfen der GDA

Gesellschaft für Qualität im Arbeitsschutz mbH (GQA): www.gqa.de

Interdisziplinäre Forschungsgemeinschaft „Sifa-Langzeitstudie“: www.sifa-langzeitstudie.de/

Kommunikations- und Informationsplattform *Sifa-Community:* www.sifa-community.de

KomNet-Wissensdatenbank: www.komnet.nrw.de

SifaPage: http://sifaboard.de

Normen

ISO 31000:2009-11: Risk management – Principles and guidelines. DIN, Beuth Verlag, Berlin

BS OSHAS 18001. DIN, Beuth Verlag, Berlin

12 Stichwortverzeichnis